時尚・可愛・慢步樂活旅

溫哥華・
加拿大洛磯山脈

這是什麼呢？

（答案見P2）

Lala Citta是義大利文的「城市＝La Citta」，

和享受輕快旅行印象綜合而成的用語。

書中匯集了被高山與海洋包圍的人氣城市溫哥華

有機咖啡館及大自然的全景風光等

不可錯過的旅遊時尚新主題。

當你在想「今天要做什麼呢」時

就翻這本書吧。

歡樂旅遊的各種創意都在書中。

人人出版

ララチッタ Lala Citta

溫哥華・加拿大洛磯山脈

CONTENTS

Vancouver 溫哥華

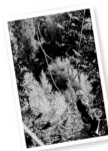

P1的照片是一裝在楓葉玻璃罐的楓糖漿(Urban Fare→P66)

Canadian Rockies
加拿大洛磯山脈

本書的標示

- ⓦ…世界遺產
- 🔥…必看景點　　⚲…絕佳景觀
- ⌛30分…大約30分　⌛30〜120分…30〜120分
- ⌛120分…120分以上
- 📞…需事先訂位
- 👔…有著裝規定
  （最好穿西裝繫領帶）
- Ⓢ…單人房，或是單人使用雙人房的住宿費（房費）
- Ⓣ…雙人房一晚的住宿費（房費）

- ✕…交通　　🏠…地址　　📞…電話號碼
- 🕐…開館時間、營業時間　　✕…公休
- 💰…費用　　Ⓢ…高架列車　　Ⓑ…巴士
- 地圖…封底附錄「隨身大地圖」

地圖標示

- 🍴 餐廳　　　　🚏 巴士站
- ☕ 咖啡廳　　　🚕 計程車
- 🏪 商店　　　　⛰ 山
- 🎭 夜間娛樂　　🏖 海灘
- 🏨 飯店　　　　🏦 銀行
- 卍 寺廟　　　　📮 郵局
- ✝ 教會　　　　🏥 醫院
- ℹ 觀光服務處　　警察局
- ✈ 機場　　　　◆ 學校、政府機關
- ⛳ 高爾夫球場

其他的注意事項

- 本書所刊載的內容及資訊，是基於2016年2～3月時的取材、調查編輯而成。
  書籍發行後，在費用、營業時間、公休日、菜單等營業內容上可能有所變動，或是因臨時歇業而有無法利用的狀況。此外，包含各種資訊在內的刊載內容，雖然已極力追求資訊的正確性，但仍建議在出發前以電話等方式做確認、預約。此外，因本書刊載內容而造成的損害賠償責任等，歉公司無法提供保證，請在確認此點後再行購買。

- 地名、建築物在標示上參考溫哥華旅遊局等單位提供的資訊，並盡可能貼近當地語言的發音。

- 休息時間基本上僅標示公休日，略過新年、復活節、聖誕節、建國紀念日等節日。費用的標示為成人的費用

●道路名稱的略稱
Street = St.　　　Highway = Hwy.
Boulevard = Blvd. Avenue = Ave.
Road = Rd.　　　Close = Cl.
Drive = Dr.　　　Crescent = Cr.

旅行 \重點整理/
Happy Advice

匯集了出發前知道賺到的必看資訊，讓旅途充滿更多樂趣。從交通資訊到美食情報，不管是初次來訪還是旅遊常客都要Check！

推薦人 鈴木結佳小姐

曾於大型旅行社擔任加拿大旅遊企劃，現任不列顛哥倫比亞省觀光局媒體公關。造訪溫哥華近100次，對於當地的流行趨勢相當了解。透過參與馬拉松、滑雪、皮划艇等運動，對於溫哥華的各項活動也非常精通。

Happy Advice ①

街道上的餐車是受到當地人愛戴的最佳午餐選擇

溫哥華於2010年開始推廣餐車後，市中心的街頭出現越來越多不同類型的餐車美食。提供三明治、墨西哥捲餅、印度咖哩、沙威瑪等種類豐富又吸睛的各國美食。因為可以在餐車品嘗到正統美食風味，是上班族午餐首選。營業時間、地址等請參閱 URL www.streetfoodapp.com/vancouver

❶史丹利公園是溫哥華騎車聖地 ❷可以攜帶自行車搭乘水上巴士及高架列車等大眾運輸交通工具 ❸固蘭湖島的熱門市場

↑大排長龍的餐車 ➡溫哥華市區內有4台JAPADOG（→P21）餐車

Happy Advice ②

在溫哥華來一趟綠色旅遊

溫哥華計畫於2020年成為世界上最環保的城市「Greenest City」。不僅增設了自行車專用車道，並且導入公共自行車系統等，對於旅客來說是一大魅力。不妨租一台自行車徜徉在綠意盎然的街道上吧！特別推薦繞史丹利公園（→P23）一圈的路線。史丹利公園旁的自行車租借店（→P22）皆有提供自行車路線規劃地圖，可以自由索取。

Happy Advice ③

浪漫的夕陽美景及夜景景點

被山與海圍繞的溫哥華，擁有絕佳的日落風景。像是人氣景點英吉利灣（→P22）、靜謐的落日美景第二海灘（地圖P141-A4）等，還有許多值得推薦的夕陽景點。將市區的繁華街燈盡收眼底的松雞山（→P37）、Empire Landmark Hotel（→P70）的旋轉餐廳等，都是欣賞夜景的好去處。從奧運選手村旁的福溪（→P27）一眼望去的市區夜景美不勝收，是看夜景的私房景點。

❶漸被夕陽染紅的英吉利灣 ❷❸Empire Landmark Hotel頂樓旋轉餐廳「Cloud 9」的景致

Happy Advice 4

街頭遊逛的最強幫手！無軌電車和雙層巴士

周遊溫哥華各主要景點的觀光無軌電車及雙層觀光巴士（→P43），購買一日乘車券可以自由搭乘。乘坐一圈可以掌握市區的全貌以及各點之間的距離，可以用實惠的價格充分享受兜風的觀光樂趣。車站設於景點正前方，趁停車時欣賞風貌也非常值得，可以靈活運用來減輕走路的疲勞。溫哥華無軌電車公司 Vancouver Trolley Company URL www.vancouvertrolley.com/

1 溫哥華人氣品牌「Aritzia」（→P20）的辦公室總部也設於鐵道鎮 **2** 美食行程中的其中一間人氣餐廳「Railtown Cafe」 **3** 曾經為治安不好的區域，女生一個人走在路上比較危險。建議可以參加行程團體行動

↑ 另有販售景點門票優惠的套裝票券 ➡ 蓋士鎮的地標蒸汽鐘前也有設站

Happy Advice 5

今後越來越受矚目的鐵道鎮

位於蓋士鎮旁的鐵道鎮是廣受溫哥華流行趨勢引領者注目的新區域。以健康餐點受到好評的「Railtown Cafe」、入選溫哥華雜誌美食大獎的餐廳等都在此展店。來到鐵道鎮，不妨參加美食行程，可以造訪5家人氣餐廳、試吃10種以上的菜色、並且提供2種不同的葡萄酒試喝。 URL offtheeatentracktours.ca/vancouver/tours/railtown-walking-food-tour/

Happy Advice 6

輕鬆挑戰戶外運動

山海圍繞的溫哥華十分盛行戶外運動。想要滑雪、登山，可以前往北溫哥華的松雞山（→P37）。若是想要體驗獨木舟、皮划艇，可以來到固蘭湖島（→P28）輕鬆出遊。很多商家都有提供初學者體驗課程，記得來挑戰一下！

↑ 有很多戶外運動用品品牌皆從加拿大起源（→P34） ↑ 在大城市乘坐皮划艇，別具一番樂趣

Happy Advice 7

咖啡廳激戰區溫哥華的最新流行趨勢是「Slow Bar」

溫哥華市區有各種不同風格的咖啡廳林立。現在最受歡迎的是稱為慢吧 Slow Bar的咖啡專賣店。提供使用精選咖啡豆，細分沖泡的手沖咖啡「POUR OVER」。在大受歡迎的「Matchstick Coffee Roasters」等咖啡廳嘗一杯濃醇的咖啡，享受一下屬於自己的時光也是一個不錯的選擇哦！

1 49th Parallel Coffee的甜甜圈（→P26） **2** 人氣連鎖咖啡廳JJ Bean Coffee Roasters & Cafés（→P58） **3** Delany's Coffee House的拿鐵咖啡（→P23）

出發前一定要 Check！

溫哥華 *Profile*

溫哥華

● 正式國名／城市名
加拿大／溫哥華

● 人口／面積（B.C.省）
約450萬人（當中溫哥華佔230萬人）
94萬4735km²

● 語言
英文為共通語言

● 貨幣與匯率
加拿大幣（CAD）$1＝台幣（TWD）約23元
（2017年4月時）
幣值種類介紹→P120

● 時差
台灣比溫哥華早16小時。當地採用夏令時間，3月的第2個週日～11月的第1個週一期間，與台灣時差為15小時。加拿大各地總共分為6種時差，西海岸到東海岸的時差距為4小時30分鐘。

● 小費
視情況支付
計程車小費從車資的10～15%，餐廳一般為15%左右。結帳已包含服務費則不需再給小費。飯店服務員幫忙搬行李時，一個行李箱為C$1加幣左右。

● 最佳旅遊季節
春～初夏（5～9月）
氣溫和降雨量詳情參閱→P14
國定假日請參閱→P14

● 入境條件
持有中華民國護照可享6個月免簽證入境待遇，但需事前申請「電子旅行證（eTA）」。
護照及簽證等詳情請參閱→P113

不列顛哥倫比亞省

B.C.省＋加拿大洛磯山脈
小檔案

簡單地認識一下從溫哥華所在的不列顛哥倫比亞省到洛磯山脈的各個主要城市及其地理位置關係。

加拿大西岸的門戶城市

溫哥華
Vancouver →P15

加拿大面積廣大，其各個城市中屬B.C.省的溫哥華距離台灣最近。B.C.省的首府雖為維多利亞，但是溫哥華的人口及城市規模在各城市中是最大的。十九世紀後半開始人口遷入、城市開發，發展成被加拿大本島及溫哥華島包夾的港灣都市。

1.市中心及北溫哥華俯瞰圖
2.適合散步的英吉利灣
3.蓋士鎮上有許多時尚流行的商店

世界遺產

●加拿大洛磯山脈
　自然公園群→P83

橫跨B.C.省及亞伯達省的國家公園。由四座國家公園（班夫國家公園、賈斯珀國家公園、庫特尼國家公園、優鶴國家公園）及三座B.C.省的省立公園（漢博省立公園、阿西尼博因山省立公園、羅伯森山省立公園）所組成。

觀光焦點

●蓋士鎮→P18
●史丹利公園→P23
●哥倫比亞冰原→P92
●露易絲湖→P102

必吃美食

●海鮮餐點→P52
●地產地消美食→P30

購物

●楓糖漿→P32
●鮭魚商品→P32
●加拿大精選品牌→P18、20、34

維多利亞 Victoria →P72

花卉盛開的花園城市

美麗花卉隨四季變換盛開的B.C.省首府。街道上保留了英國殖民時期的風貌，充滿優雅的氛圍。並將英式下午茶的傳統留存下來。

惠斯勒 Whistler →P78

最適合冬季造訪的度假勝地

曾作為溫哥華冬季奧運的會場，北美最大規模的滑雪勝地。夏季則為登山車的朝聖地，一年四季都可以體驗到各種戶外活動的樂趣。

不要錯過地產地消美食！

RCMP（溫哥華皇家騎警隊）玩偶

當地特產楓糖漿

溫哥華歷史年表

	1792年 ●為了加強對於溫哥華的領事權及經商權，英國派出海軍將士喬治·溫哥華George Vancouver來到此地		1858年 ●弗雷澤河流域出現淘金潮	
~BC	1700~		1800~	

1萬年前
●隨著冰河後退森林增加，原住民（第一民族）開始定居生活

大自然的藝術品，讓人感動的美景

加拿大
洛磯山脈 ➡P83

Canadian Rockies

壯闊的高山群、大大小小的湖泊、以及倒映出藍天白雲的大冰原，讓人目眩神迷的美景接連不斷。來到加拿大洛磯山脈感受一下大自然吧。留宿班夫國家公園、露易絲湖等度假區，暢遊洛磯山脈也是一個好選擇。

地圖標示：

阿拉斯加州 ALASKA（美利堅合眾國）
格陵蘭 GREENLAND（丹麥）
育空 YUKON TERRITORY
郵威 Norway
白馬 Whitehorse
黃刀鎮
加拿大 CANADA
哈得孫灣
大西洋
加拿大洛磯山脈 Canadian Rockies P83
溫哥華
美利堅合眾國 UNITED STATES OF AMERICA
渥太華
魁北克市
多倫多
紐約
芝加哥
華盛頓
舊金山
下圖
太平洋

不列顛哥倫比亞省 BRITISH COLUMBIA
納爾遜堡 Fort Nelson
斯圖爾特 Stewart
加拿大 CANADA
魯珀特王子港 Prince Rupert
聖約翰堡 Fort St. John
麥克墨雷堡 Fort McMurray
海岸山脈 Coast Mts.
喬治王子城 Prince George
亞伯達省 ALBERTA
艾德蒙頓 Edmonton
賈斯珀 Jasper P106
加拿大洛磯山脈 Canadian Rockies P83
甘露市 Kamloops
露易絲湖 Lake Louise P102
惠斯勒 Whistler P78
溫哥華島 Vancouver Is.
溫哥華 P15 Vancouver
班夫 Banff P98
卡加利 Calgary P110
德蘭赫勒 Drumheller
納奈莫 Nanaimo
維多利亞 Victoria P72
彭蒂克頓 Penticton
斯波坎 Spokane
大瀑布城 Great Falls
西雅圖 Seattle
太平洋 Pacific Ocean
波特蘭 Portland
尤金 Eugene
喀斯開山脈 Cascade Mts.
美利堅合眾國 UNITED STATES OF AMERICA
N
0   300km

1.加拿大洛磯山脈是大自然的寶庫
2.連接班夫國家公園到賈斯珀國家公園之間的冰原公路 3.哥倫比亞冰原 4.可愛的野生松鼠 5.沿途可以看到台灣少見的野生植物

年表：

1867年
●溫哥華的起源地，現為蓋士鎮。曾為蒸汽船船長的約翰，戴頓John Deighton於此處開設一間酒吧後，帶動了當地的發展

1886年
●正式被命名為溫哥華，並開始推行市政

1960年代
●於1886年溫哥華大火中燒毀的蓋士鎮，藉由鐵道開通而復興，並進行再次開發

2010年
●舉辦冬季奧運會

1900~
2000~

1860年代
●木材加工業盛行，木材廠增加

1871年
●不列顛哥倫比亞省正式加入加拿大聯邦

1886年
●加拿大東西岸橫貫鐵路開通

1950年代
●成為加拿大造船業的核心地區

1986年
●為紀念溫哥華建市100周年，舉辦了溫哥華世界運輸通訊博覽會（86年世博 Expo 86）

溫哥華＋維多利亞

7天5夜 經典行程

想要盡情暢遊加拿大西部的代表城市溫哥華及維多利亞，
可以參考以下行程，不管是市區還是大自然美景都一次玩透透！

Day 1 充滿風情的復古街景遊逛蓋士鎮

Hudson House（→P64）販售的經典紀念品。楓糖漿C＄8.99、麋鹿玩偶C＄14.99等

09:00~11:30
抵達溫哥華國際機場
傍晚～晚上從台灣起飛，隔天上午抵達溫哥華
‧高架列車（加拿大線）25分或搭乘汽車車程40分

↓肚子餓來JAPADOG（→P21）覓食

13:30 前往市區飯店
※一般於15點開始辦理入住。可以將行李寄放在飯店再行外出。有部份飯店提供提早入住。

…步行10～15分

↑蓋士鎮上有一整排的古老紅磚建築

提供多種獨家菜單

14:30 蓋士鎮觀光

…步行5分

↑每隔15分鐘會冒出一次蒸汽的地標蒸汽時鐘

15:30 海港中心觀景台＆加拿大廣場

…步行10分

來L'Abattoir（→P31）享用當地美食！

晚餐

↑人氣餐廳L'Abattoir的香煎鱈魚C$32

18:00 於市區晚餐

↑加拿大廣場（→P48）的前身為溫哥華世博加拿大館

+α行程備案
來到灣區悠閒漫步也是一個好選擇。2010年冬季奧運會的聖火台是必拍景點！（map/P135-C1）

Day 2 從鬧區羅布森街一路玩到英吉利灣

→英吉利灣於夏季開放的海水浴場人潮眾多（→P22）

09:00 在市區的咖啡廳享用早餐

早餐

↑舒適優雅的咖啡廳Finch's Tea & Coffee House（→P19）
←Finch's Tea & Coffee House早餐C$7.95

…步行5～10分

10:30 溫哥華美術館

↓悠閒的櫥窗購物也充滿樂趣

…步行即到

V字領毛衣→可以重複穿搭的基本款

12:00 於羅布森街午餐及購物

↓市內的地標，溫哥華美術館（→P48）

…步行20分

←加拿大的休閒服飾代表品牌ROOTS（→P20）

15:30 來到英吉利灣小歇

→印有LOGO的T-shirt

P9待續

- ⋯Aquatic Centre Ferry Dock搭乘迷你渡輪船程3分

16:30 遊逛固蘭湖島

鴨子出沒注意！

CAUTION ON ROAD

→固蘭湖島（→P28）上有眾多景點充滿樂趣

←可以買到豐富食材及特產的公共市場（→P29）

→來固蘭湖啤酒餐廳Granville Island Brewing享用本地啤酒（→P28）

- ⋯步行5分

18:30 享用本地啤酒及晚餐

+α 行程備案

若是喜愛戶外活動，也十分推薦租借自行車從英吉利灣騎到史丹利公園（→P22）

- ⋯車程10分

20:30 回到英吉利灣的酒吧續攤

→The Cohiba伏特加調酒C\$8

↑直到深夜都還人聲鼎沸的Cactus Club Cafe

Day 3 稍微走遠一點 來到郊區爬山健行

09:00 Waterfront站

- ⋯搭乘海上巴士12分

09:15 到達Lonsdale Quay站

- ⋯步行即到

Lonsdale Quay站前巴士站

- ⋯搭乘236路巴士 加上步行約30分

10:00 卡皮拉諾吊橋

- ⋯搭乘236路巴士 20分

13:00 松雞山

- ⋯Skyride纜車8分

13:30 觀景咖啡廳及山頂漫步

- ⋯搭乘Skyride纜車、236路巴士後轉乘海洋巴士前往市區，需約60分鐘

16:00 Waterfront站
※回到飯店暫作休息

前往Forage餐廳（→P30）！

- ⋯步行15分

19:00 來到熱門的地產地消餐廳享用晚餐

↑步行在Treetop Adventure樹梢探險上，可以觀察樹冠層的生長

↓夜景也是一絕

←搭搖晃晃的卡皮拉諾吊橋（→P36、51）讓人膽顫心驚！

→格調風尚餐廳Forage

↓可以品嚐到使用地產地消的食材製作出的美味餐點

晚餐

驚險刺激～

↑乘坐空中纜車前往山頂。從山頂眺望的絕佳景致

←來松雞山體驗溜索樂趣（→P37）

+α 行程備案

順道逛逛Lonsdale Quay站旁的碼頭市場Lonsdale Quay Market（→P36），或是參加自選行程（→P46）都是不錯的選擇。

P10待續

Day 4　從公園的早晨活動來開啟
自然健康的一天

↓史丹利公園從早晨就開始有絡繹不絕的人潮

08:00 來史丹利公園散步

···車程10分

10:00 遊逛基斯蘭奴

12:00 在基斯蘭奴的The Naam享用午餐

午餐

···車程10分

↓老字號素食餐廳 The Naam（→P26）

↑來49th Parallel Coffee Roasters Café享受午茶時光（→P26）

↑（由左至右）玫瑰化妝水C\$17、沐浴鹽C\$12

↑提供豐富多樣有機產品的伊聖詩（→P27）

14:30 前往UBC人類學博物館

←加拿大戶外用品品牌MEC（→P34）販售色彩繽紛的豐富商品

物館（→P51）可以認識原住民文化 →來到UBC人類學博

晚餐

17:00 來到戶外用品店MEC購物

···搭乘高架列車3分，於Yaletown-Roundhouse站下車即到

+α行程備案

若是有時間不妨趁著週末造訪於市中心各地舉辦的農夫市集（→P31），十分有趣。

P24 ← 來到Blue Water Cafe享用美味的海鮮（→

19:00 於耶魯鎮享用晚餐

Day 5　百花爭艷的美麗城市
前往維多利亞

以花卉為主題的紀念品

市區步行10分
08:00 高豪港

···搭乘水上飛機35分（→P45）

↓前往漁人碼頭的維多利亞港渡輪

08:30 抵達維多利亞

···車程30分

09:00 遊逛布查特花園

↑維多利亞最引以為傲的美麗花園。布查特花園（→P73）

內港沿岸設有人行步道

···車程30分

←連結溫哥華、維多利亞兩大城市交通的水上飛機

12:00 內港

P11待續

俯瞰內港的省議會大廈

●‥‥步行即到

12:30 省議會大廈、
B.C.省皇家博物館

↑講究細節的
建築之美充滿魅力

●‥‥步行5分

14:00 政府街、唐人街
漫遊

●‥‥步行15分

15:45 內港

●‥‥搭乘渡輪、巴士，
全程約4小時
※於渡輪上簡單晚餐

發現可愛的
手工藝DIY
材料包

← 政府街上的人氣手工藝店。
Button & Needlework
Boutique（→P74）

20:00 回到溫哥華

●‥‥車程10分

↑B.C.省皇家博物館
（→P76）。旁邊
則為圖騰柱公園

20:30 於酒吧欣賞港灣夜景度
過在溫哥華的最後一晚

➡充滿風情的小巷
Fan Tan Alley
（→P75）

↓正對福溪的固蘭湖島
沿岸酒吧 （→P55）

■+α行程備案

也可以來到貴族酒店The
Fairmont Empress（→P75）
享用下午茶度過一個優雅的午
後時光。

Day 6&7 旅途結束前來可靠的
當地超市購買伴手禮

↓每一樣商品都讓人想帶
回家的高級超市，
Urban Fare（→P66）

08:00 前往Urban Fare
做最後的大採購

●‥‥步行10分

10:00 從飯店出發

●‥‥高架列車（加拿大線）
車程25分、或是搭乘
汽車車程40分

↑提供豐富的外帶熟食，外帶
午餐便當也是不錯的選擇

11:00 抵達溫哥華
國際機場
12:30~14:30從溫哥華出發，
隔天晚上抵達台北

←添加了楓糖的巧克力及牛奶
糖，是會讓收到的人開心的人
氣伴手禮

來機場也要把握最後購物機會
溫哥華國際機場內的國際
精品品牌較少，但有很多
販售加拿大特產的商店，
還有大型美食街，也有速
食餐廳等選擇。

↑加拿大線有往機場
方向及往列治文市
方向的兩條線

←結束愉快的旅程。
下次還要再來！

完全攻略

加拿大洛磯山脈
4天3夜 經典行程

橫跨四座國家公園，充滿豐富自然景觀。將4天3夜的時間充分運用，
計畫出超級豐富又愉快的旅程！

↓稍微走遠一些，來到
山區健行也充滿樂趣
（→P105）

Day 1 搭乘下午抵達的班機
於露易絲湖留宿一晚

約13:00
抵達卡加利國際機場
晚上從台灣起飛，隔天下午抵達
卡加利
┈搭乘巴士約1小時40分

15:30 抵達班夫

┈搭乘巴士
1小時

於飯店辦理
入住後，有時間
可以到湖邊
散步遊湖。

16:30
抵達露易絲湖

↑沿途可以看到
台灣少見的野生
植物

←當地地標卡加利
塔（→P111）。從
機場是無法看到的

+α行程備案
想要俯瞰露易絲湖全
景，可以乘坐露易絲湖
觀光纜車前往山頂。從
市區坐車前往纜車乘車
處車程約15分鐘。

被高山群包圍的枚碌湖泊露易絲湖（→P102）

STAY

↑佇立在湖畔的 **H**Fairmont Chateau
Lake Louise酒店（→P104）

Day 2 參加自選行程踏上
洛磯山脈的觀光黃金路線

09:30 從露易絲湖出發

┈搭乘觀光巴士
30分
10:00 鴉腳冰河

┈搭乘觀光巴士
5分
10:30 佩托湖

┈搭乘觀光巴士
1小時20分
13:00 哥倫比亞冰原
＋冰川天空步道

┈搭乘觀光巴士
3小時
19:00 抵達
班夫

P13待續

+α行程備案
想要盡情暢遊全世界數一
數二的大型冰原，可以參
加冰河健行之旅（→
P92）。詳情請洽班夫觀
光服務處。

↓走出飯店穿過小巷，
來到早晨薄霧中的湖邊散步

自選行程
出發！

這一天
夜宿班夫。
於班夫市區
享用晚餐

↓於哥倫比亞冰原
（→P92）的分流阿薩
巴斯卡冰河上面體驗
冰河健行

冰川
天空步道

乘坐大雪車（冰原探險號）
前往冰雪世界

↓鴉腳冰河（→P90）形狀像是烏鴉
的腳印而得其名

↓大角羊。國家公
園內禁止餵食

↑佩托湖（→P90）

↑班夫大道（→P99）周邊有許多
氣氛優美的餐廳

Day 3　暢遊優鶴國家公園 夜晚欣賞星空美景

09:00 從班夫出發

> 這一天也參加自選行程

↓乘著獨木舟徜徉在神秘的翡翠湖上

●⋯搭乘觀光巴士 1小時30分

10:30 塔卡考瀑布

> 途中順道造訪自然橋等景點

●⋯搭乘觀光 巴士25分

11:30 翡翠湖

●⋯搭乘觀光巴士 40分

14:30 夢蓮湖

> 晚上的觀星行程也十分推薦

●⋯搭乘觀光巴士 1小時45分

17:00 抵達班夫

↑翡翠湖是優鶴國家公園（→P94）中面積最大的湖泊

←位於湖畔的 Emerald Lake Lodge飯店

↑沿著步道往前走可以近距離欣賞塔卡考瀑布

←另設有一條以夢蓮湖為起點的步道

冬天 冬眠中
←長得像土撥鼠的哥倫比亞松鼠。沿路上也會遇到許多小動物

+α行程備案

班夫出發的健行行程有相當豐富的選擇，均有當地導遊陪同，可以依照自身的體力及時間來做選擇。可以輕鬆健行並欣賞高山植物的陽光草原行程（→P105）相當受到初學者的歡迎。記得Check自選行程（→P112）的詳細內容！

↓空氣澄淨的洛磯山脈中有舉辦夜晚觀星行程。天氣好的時候可以看到仿彿星雨落下般的美麗星空

讓人感動的滿天星空！

←Moraine Lake Lodge飯店除了住宿外，也有提供餐點

夢蓮湖後方聳立著陡峭的十峰山谷

※班夫出發的觀光行程全程1.5小時，費用為C$50
●詳情請洽 Explorer Canada Holidays
☎1-866-762-0808
▦www3.telus.net/echbanff/

Day 4　乘坐飛機前往 溫哥華等周邊城市

→羅布森街是溫哥華特別繁華的一區

11:00 從班夫出發

●⋯搭乘巴士1小時40分

14:00 從卡加利國際機場出發

> 因為時差的關係，溫哥華早一個小時

●⋯搭乘飛機 1小時20分

14:30 抵達溫哥華國際機場

↑來到被山、海環繞的溫哥華，購買紀念品之後路上回程吧！

挑選楓糖漿等加拿大獨有的特產品吧（→P32）

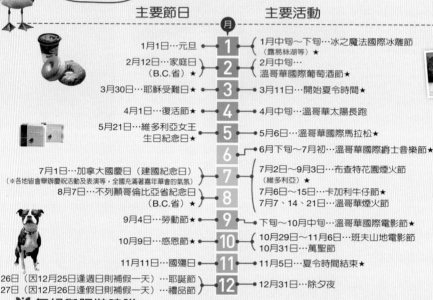

知道之後玩得更開心！ 旅遊季節

主要節日	月	主要活動
1月1日…元旦	1	1月中旬～下旬…冰之魔法國際冰雕節（露易絲湖等）★
2月12日…家庭日（B.C.省）★	2	2月中旬…溫哥華國際葡萄酒節★
3月30日…耶穌受難日★	3	3月11日…開始夏令時間★
4月1日…復活節★	4	4月中旬…溫哥華太陽長跑
5月21日…維多利亞女王生日紀念日★	5	5月6日…溫哥華國際馬拉松★
	6	6月下旬～7月初…溫哥華國際爵士音樂節★
7月1日…加拿大國慶日（建國紀念日）（※各地皆會舉辦慶祝活動及表演等，全國充滿著嘉年華會的氣氛）	7	7月2日～9月3日…布查特花園煙火節（維多利亞）★
8月7日…不列顛哥倫比亞省紀念日（B.C.省）★	8	7月6日～15日…卡加利牛仔節★ / 7月7、14、21日…溫哥華煙火節
9月4日…勞動節★	9	下旬～10月中旬…溫哥華國際電影節★
10月9日…感恩節★	10	10月29日～11月6日…班夫山地電影節 / 10月31日…萬聖節
11月11日…國殤日★	11	11月5日…夏令時間結束★
26日（因12月25日逢週日則補假一天）…耶誕節 / 27日（因12月26日逢假日則補假一天）…禮品節	12	12月31日…除夕夜

❀ 氣候與服裝建議

春（3～5月） 春天氣候較多變化，到了3月會逐漸穩定下來。有可能會突然變冷，建議攜帶外套前往。

夏（6～8月） 逐漸溫暖的氣溫加上乾燥的氣候，非常舒適宜人。日曬強烈，如果帶著太陽眼鏡前往較方便。

秋（9～11月） 9月份多為好天氣，早晚溫差甚大，可以戴上一件薄外套。

冬（12～2月） 冬天服裝以保暖為主，時常下雨要記得攜帶雨具。不過不太會下雪。

❀ 平均氣溫及降雨量

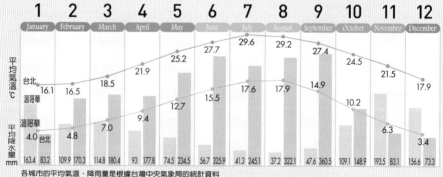

	1 January	2 February	3 March	4 April	5 May	6 June	7 July	8 August	9 September	10 October	11 November	12 December
平均氣溫 ℃ 台北	16.1	16.5	18.5	21.9	25.2	27.7	29.6	29.2	27.4	24.5	21.5	17.9
平均氣溫 ℃ 溫哥華	4.0	4.8	7.0	9.4	12.7	15.5	17.6	17.9	14.9	10.2	6.3	3.4
平均降水量 mm 台北	163.4	109.9	114.8	93	74.5	56.7	41.3	37.2	47.6	109.1	193.5	156.6
平均降水量 mm 溫哥華	83.2	170.3	180.4	177.8	234.5	325.9	245.1	322.1	360.5	148.9	83.1	73.3

各城市的平均氣溫、降雨量是根據台灣中央氣象局的統計資料

★號標註的節日、活動每一年皆為不同日期（上記為2017年8月～2018年7月的日期）。

Vancouver

温哥華

温哥華美術館（→P48），
周邊當地居民熙來攘往

015

溫哥華 區域導覽
Area Navi

加拿大西岸的門戶城市溫哥華，
北邊受到高山圍繞，與大自然比鄰而居充滿美麗風光。
海上的半島地區為Downtown（市中心）。

觀光客多
格蘭維爾島 ★　　　羅布森街　耶魯鎮
煤氣鎮 ★　　　　　★　　　最新發展區域
　　　★ 英吉利灣
北溫哥華　　　　　★ 基斯蘭奴
　　　　唐人街　南固蘭湖
當地居民最愛

何謂Down town?

英文的市中心的意思，表示商業中心、鬧區。溫哥華的市中心通常是指位於布勒內灣上的半島地區。

北溫哥華 9
獅門橋
史丹利公園
英吉利灣
英屬哥倫比亞大學
范度森植物園
市中心
下圖

N
0　500m
第三海灘
史丹利公園
溫哥華水族館
第二海灘
英吉利灣
布勒內灣
溫哥華港灣水上飛機場
加拿大廣場
羅布森街 2
BURRARD Stn.
WATER FRONT Stn.
西岸快車 West Coast Express
英吉利灣 3
溫哥華美術館
VANCOUVER CITY CENTRE Stn.
GRANVILLE Stn.
1 蓋士鎮 唐人街
海事博物館
STADIUM CHINATOWN Stn.
溫哥華博物館
卑詩體育館
PACIFIC CENTRAL Stn.
8
基斯蘭奴海灘
YALETOWN-ROUNDHOUSE Stn.
巴士總站
4 耶魯鎮
高架列車（千禧線）
5 基斯蘭奴
第4街 4th Avenue
6 固蘭湖島 福溪
OLYMPIC VILLAGE Stn.
高架列車（加拿大線）
7 南固蘭湖
南固蘭湖
BROADWAY-CITY HALL Stn.

---

1 Gastown
MAP P138～139
地圖 正面-F3

蓋士鎮

充滿懷舊情懷 的石板路

溫哥華的起源地。知名地標蒸汽鐘及蓋仙傑克Gassy Jack的銅像（→P50）皆位於此處，是歷史建築林立的觀光勝地。近年來出現很多時尚流行的個性派商店（→P18）。

CHECK!
●加拿大廣場（→P48）
●海港中心觀景台（→P49）

Access>>> Ⓢ高架列車Waterfront站 Ⓑ巴士4、5、7、10、50路等

出遊POINT
商店及餐廳都林立在主要道路水街上。唐人街周邊治安較差，晚上外出時建議避免走入巷道中。

---

2 Robson St.

羅布森街

最具代表的 繁榮街道

MAP P136～137
地圖 正面-D2～E3

市中心最熱鬧的繁榮街道。知名品牌商店、餐廳、飯店等林立，路上來往的行人絡繹不絕。

CHECK!
●溫哥華美術館（→P48）
●加拿大精選品牌（→P20）

Access>>> Ⓢ高架列車Burrard站、Granville站或Vancouver City Centre站 Ⓑ巴士4、5、7、10、50路等

出遊POINT
羅布森街直直一條，不需要擔心會迷路。最熱鬧的中心只有4個街區，逛街步行起來很輕鬆。每個街區皆設有巴士站，也可以選擇搭乘巴士移動。

3 English Bay MAP P134A2 地圖 正面-C2

英吉利灣

眺望落在海上的夕陽美景

從市區可以散步前往的休閒海灣。以絕美日落景點而聞名，岸邊有許多景觀餐廳及咖啡廳。

CHECK!
●觀景景點（→P22）
●英吉利灣海灘（→P22）

出遊POINT
可以從羅布森街步行前往，海灘大街與登曼街交叉口為中心。也可以租借自行車，一路騎到史丹利公園（→P23、50）。

Access>>> ⑧巴士C21路

4 Yaletown MAP P140上 地圖 正面-E3

耶魯鎮

倉庫街的華麗變身

位於市中心的南邊，以前是一整排的倉庫街，現在變身為優雅的時尚特區，匯集許多流行精品店及餐廳。人潮從傍晚開始湧入。

出遊POINT
繁華的咸美頓街和米蘭街，直到深夜都熱鬧非凡。建議避開人煙稀少的巷道和公園。

CHECK! 美食餐廳（→P24）

Access>>> ⓢ高架列車Yaletown-Roundhouse站 ⑧C21、C23路

5 Kitsilano MAP P141上 地圖 正面-C4

基斯蘭奴

自由奔放的流行基地

原來為嬉皮的聚集地，現為喜愛自然有機、舒活的人們居住的高級住宅區，同時也是最新流行的發信基地。

CHECK! ●遊逛基斯蘭奴（→P26）

Access>>> ⑧巴士4、7路等

出遊POINT
西四街上匯集許多商店，特別集中在布勒街西側。西四街為大型道路，遊逛時要小心過馬路及注意路況。

6 Granville Island MAP P140下 地圖 正面-D4

固蘭湖島

島上匯集許多觀光景點

除了公共市場的商店、餐廳等，還有夜間娛樂及飯店匯集的超人氣觀光勝地。因1970年代的臨海開發而興起。

CHECK! ●公共市場（→P29）
●Edible Canada（→P29）

Access>>> ⑧巴士4、7、50路等

出遊POINT
沒有直達固蘭湖島內的巴士，可於橋邊的巴士站下車，步行前往約8分鐘。建議以公共市場為起點來遊玩，路線較為簡單明瞭。

還有還有！

個性派地區

7 South Granville

南固蘭湖
MAP P133B3 地圖 正面-D4

上流社會聚集的高級住宅區

位於市中心南邊，過了固蘭湖橋的高級住宅區域。此區以固蘭湖街為主，第五街周邊有許多間藝廊。搭乘巴士從市區前往約10分鐘車程。

Access>>> ⑧巴士4、7、10、14路等

---

8 Chinatown

唐人街
MAP P139D2 地圖 正面-F3

滿是充滿親切感的中文

北美排名第三的唐人街，規模雖小卻應有盡有，充滿懷舊情懷。中國式庭園的中山公園等為人氣景點。片街上的中華門牌樓往東邊走約600m處為此區的商業活動中心。

CHECK! 三記號Sam Kee Building（→P51）

Access>>> ⑧巴士7、19、22路等

9 North Vancouver

北溫哥華
MAP P132B1 地圖 正面-F1

被大自然環繞的住宅區

位於市中心北邊，布勒內灣旁的住宅區。經過臨海開發，現為現代都會感及自然風光並存的一區，周圍擁有卡皮拉諾河谷及松雞山等天然景色。

Access>>> ⑧巴士236路或從Waterfront站轉乘海上巴士前往Lonsdale Quay站

再次受到注目的復古小鎮

蓋士鎮漫遊

被譽為溫哥華的起源地，充滿歷史的街道。
懷舊氛圍的街道上匯聚了許多
充滿個性的商店。

❶唐人街也在附近 ❷當地地標蓋仙傑克Gassy Jack銅像（→P50） ❸蓋士鎮裡一整排的百年建築 ❹Finch's Tea & Coffee House的店內環境 ❺也有優雅時尚的傢飾店

Ⓐ John Fluevog Shoes ｜MAP P139C2

個性派必逛的手工鞋品牌

以「不論何時何地都能穿，可以穿很久」為設計理念的溫哥華手工鞋品牌。除了新穎的前衛設計，也有簡約的款式，販售充滿個性的豐富鞋款。

data 巴士50路 Water St. 65 Water St. 2樓設有工作室，604-688-6228 10～19時（週四、五為10～20時，週日為12～18時）無休 寬敞的店面

Ⓑ m0851 ｜MAP P139C2

高質感皮革的魅力是重點

1987年於蒙特婁開業的精品皮革品牌。從設計到販售，每個環節都不假他手的工廠直營品牌。採用鞣製皮革，越使用越有韻味的簡約設計相當受到歡迎。這幾年進軍東京、大阪，在日本也擁有一票愛用者。
data →P62

我們的包包越用會越漂亮！
店員 Lisa

↑低調時尚的店內氛圍

Ⓒ Hudson House ｜MAP P138B2

要買加拿大特產品就要來這裡

紅磚建築的寬敞店內，販售楓糖漿、原住民工藝品等加拿大招牌伴手禮。冬天設有人氣品牌「CANADA GOOSE」特賣場。
data →P64

↑充滿蓋士鎮古老氛圍的懷舊紅磚牆面

讓人印象深刻的深藍色拉鍊單肩包C$425 Ⓑ

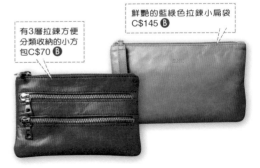
鮮艷的藍綠色拉鍊小扁袋C$145 Ⓑ

有3層拉鍊方便分類收納的小方包C$70 Ⓑ

Check!

加拿大廣場
Canada Place

MAP P138A2　地圖 正面-E2

聳立於海灣邊的複合式建築

於1986年溫哥華世界博覽會時建造。現為飯店、展覽館等複合式建築。海灣岸邊的步道很適合散步漫遊。

data →P48

海港中心觀景台
Harbour Centre(Lookout)

MAP P138B3　地圖 正面-E3

將市區街景盡收眼底

頂樓是高168m的Look out觀景台，下一層則為360度旋轉觀景餐廳「Top Of Vancouver Revolving Restaurant」。

data →P49

加拿大廣場 •
海上巴士車站 •
西岸快車·West Coast Express
蓋仙傑克銅像
L'Abattoir
溫哥華展覽館（西棟）
Waterfront Street
Hudson House
水街
m0851
Bella Gelateria
蒸汽鐘
Cordova Street
Waterfront站
• Maple Delights
喜士定街
Cordova Street
John Fluevog Shoes
片打街
Tourism Vancouver Visitor Centre
海港中心（觀景台）
Top Of Vancouver
維多利亞廣場
Finch's Tea & Coffee House
0　200m
↓往Granville站
店員 Devin

這附近有很多間舒適優雅的咖啡廳！

Break!

↑義大利冰淇淋（甜筒）各C$6.75

Bella Gelateria

MAP P138A3

在義大利冰淇淋大賽上贏得第一名的實力派名店。完全不使用任何添加物，每天限量生產的義式冰淇淋會隨季節變化而提供20～40種不同口味。單球（杯裝）C$5.50。交 S 高架列車Waterfront站步行5分鐘　住1001 W.Cordova St.　電604-569-1010　時11～22時（週五、六～23時）　休無休

Break!

Finch's Tea & Coffee House

MAP P138B3

復古風尚的骨董咖啡廳。法國麵包三明治C$5～，有豐盛配料分量十足。紅茶C$2～，有各種口味選擇豐富。交 B 巴士19路Pender St.　住353 W. Pender St.　電604-899-4040　時9～17時（週六為11～16時）　休週日

↓人氣商品，手工餅乾C$2.25

具有品牌特色的圓弧形鞋款很有人氣C$359 A

店員強力推薦的雙色綁帶鞋C$339 A

充滿加拿大印地安風格的考津毛帽C$24.99 C

原住民手工編織的天然石手環C$12.99 C

優雅的晚宴鞋，水洗皮革為其特色所在C$439 A

溫哥華
觀光焦點 **鎖定在地品牌！**

來羅布森街逛街購物吧！

溫哥華最繁榮的一條街，
所有知名品牌都匯集於此，當中
最吸引人的還是加拿大原創的在地品牌。

❶全世界的名牌都可以在這裡找到
❷貫穿市區正中心的一條大街❸將
一整顆蘋果裹上滿滿巧克力的美味
甜點❹溫哥華美術館

從童裝到男女裝應
有盡有選擇豐富。
經典連帽上衣C$82
及兒童棉褲C$26… **C**

A Aritzia　MAP P137C3

貴婦也愛用的超人氣品牌

在美國、加拿大已經擁有60間以上的店
鋪，起源於溫哥華的人氣品牌。2012年
進軍紐約第五街，擁有越來越多愛好者。
data →P61

B Club Monaco　店員 MAP P137C3

優雅休閒風
的穿搭就交
給我們吧！

摩登冷調的都會風格

從北美開始發跡，目前在世界各地都擁
有店鋪的多倫多品牌。最擅長充滿設計
感的經典都會休閒風格。
data →P61

Roots

柔軟的純棉針
織大圍巾
C$50… **A**

C Roots　MAP P137C3

加拿大的休閒服飾代表品牌

以海狸LOGO而為人所熟知的Roots是
1973年所創立的多倫多品牌。一開始是
以皮革商品起家，現在成為加拿大最具
代表性的品牌。 data →P61

溫暖的抓毛
絨牛皮靴
C$248… **C**

D M·A·C　MAP P137D3

台灣人也非常熟悉的化妝品品牌

多樣豐富的彩妝顏色加上完美的顯色度與妝
效，讓許多專業化妝師也熱愛不已。因為是
在地品牌，所以這裡的大多為獨立門市。
data →P61

Check!

太平洋購物中心
Pacific Centre `MAP P137D2`

連接著地下通道的購物街

高級精品百貨Holt Renfrew（→P61）及老字號百貨公司The Bay（→P60）等超過100間以上的店鋪組合成的大型購物商場。下雨天也不怕淋濕，盡情享受購物樂趣。

`data →P60`

溫哥華美術館
Vancouver Art Gallery `MAP P137D3 地圖正面-E3`

受溫哥華市民愛戴的美術館

位於羅布森廣場正對面，經典的石造建築。館內收藏品當中，以加拿大最具代表性藝術家Emily Carr的系列作品最為出名。也有很多人坐在館外樓梯上吃喝喝，享受片刻時光。

`data →P48`

往Burrard站　喬治亞街

Thurlow Street

Jervis Street

Urban Fare

倫敦藥房

Blenz Coffee

Aritzia

羅布森街

ALDO

Roots

太平洋購物中心

溫哥華美術館

Lululemon Athletica

Vancouver City Centre站

（高架列車　加拿大線）

Richards Street

The Listel Hotel

Caffè Artigiano

布勒街

宏比街

羅布森廣場

JAPADOG

Haro Street

Bute Street

Club Monaco

Cafe Crepe

M·A·C

0　200m

Break!

融合3種不同材質的古典洋裝C$289…Ⓑ

柔和色系的海軍風領巾　各C$98.50…Ⓑ

細緻美麗的串珠刺繡短裙C$269…Ⓑ

JAPADOG `MAP P135C3`

小俁經理

從餐車開始，目前計畫進軍東京的超人氣熱狗店。將日式食材和美式熱狗完美結合，只要吃一口就會俯首稱臣的超級美味。提供20種不同口味的熱狗堡C$4.75～。除了羅布森店外，還有另外4間餐車店。

🚇&🚌高架列車Vancouver City Centre站步行4分鐘　🏠530 Robson St.　📞604-569-1158　🕙10～22時(週五、六～24時、週日～21時)　🈺無休

溫哥華市區共有5家分店！

照燒黑豬肉佐美乃滋套餐C$9.64（附飲料）

圖案可愛的寬鬆T-shirt C$35…Ⓐ

唇膏C$20及煙燻眼影C$19…Ⓓ

溫哥華的
咖啡情事

鄰近咖啡聖地西雅圖，從以前便有著悠久的咖啡文化。加拿大原創連鎖咖啡廳當中最有名的是Blenz Coffee。而甜甜圈大受好評的Tim Hortons店鋪總數佔加拿大國內第二，僅次於Starbucks。受到溫哥華雜誌評選為「Best Coffee Shop Chain」的JJ Bean Coffee Roasters & Cafés也是不容忽視的人氣咖啡廳。

一人獨佔暢快宜人的海邊風景！

& 史丹利公園

英吉利灣

English Bay

view 散步

以絕美日落景點而聞名的英吉利灣。
不管是海邊、公園、還是餐廳，處處都能欣賞到夕陽美景。

❶秋季的英吉利灣海灘 ❷登曼街上有許多間咖啡廳 ❸海濱也有一些餐車 ❹溫哥華冬奧的標誌，因努伊特石堆

· View × Beach ·

英吉利灣海灘
English Bay Beach

MAP P134A2 地圖 正面-C2

靠近市區的美麗海灘

從市區可以散步前往的休閒海灘。周邊有許多觀賞海景的景觀餐廳，南邊聳立著溫哥華冬季奧運會的標誌因努伊特石堆。

data 交❸巴士C21路 Beach Ave.

迷人的笑者A-Mazing Laughter銅像是知名中國藝術家岳敏君的作品

↓可以近距離跟水鳥接觸

---

cycling!

自行車兜風
Cycling

MAP P134B1 地圖 正面-D2

豐富充實的自行車路線

環繞溫哥華市區的海堤步道全長約22公里，途中由史丹利公園到英吉利灣的路程相當輕鬆，很適合騎乘自行車兜風遊逛。附近有一些租借自行車的商店。一般而言租借登山車一小時的費用為C$6.67～，租借時需要信用卡或押金。

●Spokes Bicycle Rentals 住1798 W.Georgia St. ☎604-688-5141 營9時～16時30分 休無休

· View × Bar ·

↓享用美味調酒

Cactus Club Café
MAP P134A2

向著美麗的夕陽乾杯！

這裡是欣賞夕陽美景的頭等席。餐廳就位於海濱，從沙灘走過來距離也很近。在夜幕西垂時來一杯美味調酒吧。

data 交❸巴士C21路Beach Ave. 住1790 Beach Ave. ☎604-681-2582 營11時～凌晨 休無休

❶核桃蝦仁義大利麵C$24.75 ❷從沙灘或馬路兩端都有通道可以走到餐廳

View × Park

➡布勒內灣的後面是溫哥華市區

史丹利公園
Stanley Park

MAP P133A1 地圖 正面-D1

綠樹成蔭的都市綠洲

史丹利公園位於市區西北方的海上半島上。充滿原生林的廣大自然公園內設有約10公里的自行車步道及健行步道，還有水族館、圖騰柱公園等豐富景點。天氣好的時候來散散步也非常舒服。

data →P50

園內的圖騰柱公園

溫哥華水族館
Vancouver Aquarium

位於史丹利公園內，是加拿大規模最大的水族館。館內有700種以上的海洋生物，春天到秋天的期間會舉辦白鯨、虎鯨、海豚表演秀和海獺餵食秀。

data →P50

❶公園入口一整排的租借自行車❷從觀景點上眺望的景色

溫哥華觀光焦點

英吉利灣view散步

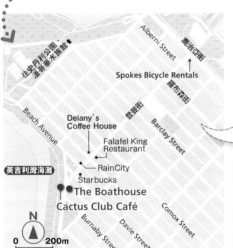

Spokes Bicycle Rentals

Alberni Street
喬治亞街
羅布森街
登曼街
Barclay Street
Beach Avenue

Delany's Coffee House

Falafel King Restaurant

英吉利灣海灘

RainCity
Starbucks
The Boathouse
Cactus Club Café

Comox Street
Burnaby Street
Davie Street

N

0 ⎯⎯ 200m

Break!

Delany's Coffee House

MAP P134A2

登曼街靠近英吉利灣附近有許多間咖啡廳及異國餐廳，有不少人會外帶到海濱上，迎著海風享用。其中老字號咖啡廳Delany's Coffee House的正統咖啡及手工馬芬蛋糕廣受好評。

住1105 Denman St. ☎604-662-3344 時6～20時(週末為6時30分～20時30分) 休無休

➡拿鐵咖啡C\$3.50、大馬芬蛋糕C\$2.45

---

❶香煎紅鮭佐野米C\$26.99❷油炸白身魚和馬鈴薯的炸魚&薯條C\$24.99

1   2

View × Gourmet

窗邊的位子要提早預約啊

The Boathouse
MAP P134A2

不論是海景還是海鮮都大大滿足

附近的許多間海鮮餐廳中最具有歷史的老店。提供當地捕獲的海鮮，以及義大利麵、漢堡等豐富菜色。擁有絕佳地理位置，能將英吉利灣美景盡收眼底。夏季時，頂樓的露台座位很有人氣。

data →P52

欣賞瞬息萬變的夕陽美景

受到饕客喜愛的餐廳大匯集

耶魯鎮 × 美食

有很多改裝紅磚建築老倉庫而成的
個性派餐廳、咖啡廳，為溫哥華的
時尚潮流聖地。可以品嘗到溫哥華
流行零時差的美味餐點。

- 史丹利公園
- 羅布森街
- 蓋士鎮
- 耶魯鎮 ★
- 基斯蘭奴

Blue Water Cafe
MAP P140B1

盡情享用新鮮海鮮

保留了老倉庫的樑柱和紅磚牆，打造出摩登時尚的
店內空間。使用於溫哥華近海捕獲的海鮮，根據進
貨的狀況調整菜單，每天晚上都提供不同的菜色。
一定要嘗嘗使用了鮭魚、生蠔、龍蝦等食材做出的
大膽創意壽司捲。

data →P53

✦預算 每位C$70～✦
座位 共250個

香煎鱘魚
Sturgeon
C$37.50

↑店內另設有壽司Bar

生蠔、螃蟹、
龍蝦…可以由3～4人
分享！

Blue Water
Cafe塔
Blue Water Cafe Tower
C$149

脆皮燒肉
佐醃鳳梨
Pickled Pineapple &
Pork Belly
C$11

香味四溢的
碳烤豬肉

季
食
材
請
前
來
享
受
浪
漫
的
氣
氛
以
及
美
味
的
當
的

Brix & Mortar
MAP P140A1

度過優雅的晚餐時光

充滿歷史的風雅紅磚建築於
1912年建造而成，在餐廳中央
有一座玻璃中庭以及帶有屋頂的
露台，營造出時尚高級的空間
感。可以享用到菲力牛排C$36、
Geldermann農場的豬肋排C$26
等西海岸菜色。也有供應可以品
嘗到當季食材的3種晚間全餐
C$42。

香煎野生
鮭魚
Wild Local Salmon
C$27

↓復古摩登的裝潢
非常時尚

data 🚇Ⓢ Yaletown-Roundhouse巴士
站步行3分鐘
🏠1138 Homer St.
📞604-915-9463
🕐17～24時 休無休

✦預算 每位C$40起✦
✦座位 共95個

Yaletown Brewing `MAP` P140B1

琴酒和伏特加也好喝

可以稱之為耶魯鎮代表的老牌啤酒廠。7種特製啤酒C\$6.50～等、季節風味啤酒、紅酒、調酒、威士忌等提供多種酒類飲品。也有提供披薩C\$16.99起等輕食。

`data` 🚇Ⓢ Yaletown-Roundhouse巴士站步行2分　🏠1111 Mainland St.　📞604-681-2739　🕐11時30分～凌晨(週四為11時30分～翌日1時，週五、六為11時30分～翌日3時)　無休

↑利用1910年建造的建築

↑很受歡迎的拉格啤酒C\$7.50

弘藝社區中心
Roundhouse Community Centre
`MAP` P140A2 地圖 正面-E3

展出加拿大太平洋鐵路的火車頭

耶魯鎮過去是鐵路調車場，現在還可以看到被保存下來的圓盤式調車場及鐵道。火車頭車庫被改建成現在的弘藝社區中心，展示出古董蒸汽火車頭。

`data` 🚇Ⓢ高架列車Yaletown-Roundhouse站步行1分　🏠181 Round house Mews　📞604-713-1800　🕐9～22時(週末為～17時)　無休　🎫免費參觀

Cioppino's Mediterranean Grill

`MAP` P140A1

饕客也矚目的義大利菜

總廚Pino Posteraro獲獎無數，擁有極高知名度。保留食材原味，並且運用獨門功夫將食材的美味充分發揮出來，美味可口的義大利菜連饕客們刁鑽的味蕾也得到大大滿足。600種以上的葡萄酒單也是一大賣點。

`data` 🚇Ⓢ高架列車Yaletown-Roundhouse站步行2分　🏠1133 Hamilton St.　📞604-688-7466　🕐17時～22時30分　週日

請盡情享用我們的葡萄酒及義大利美食

✦預算 每位C\$100～
✦座位 共150個

↑溫馨舒適的店內環境

口感Q彈的手工義大利麵

義大利寬扁麵
Pappardelle
C\$25

酥炸花枝
Knamaria
C\$9.95

口袋麵包

添加希臘香料的串烤雞肉

串烤雞肉
Souvlaki Chicken
C\$13.95(大)

野生大蝦
Wild Prawns
C\$20

招牌菜

Stepho's `MAP` P134B3

大排長龍的人氣餐廳

在異國餐廳激戰區中，最受到當地人愛戴的就是這家希臘菜餐廳。每每大排長龍的秘密就在於大分量的的美味菜色。選好主餐之後，會附上番紅花飯、沙拉、薯塊等，分量十足。兩個女生合吃一份剛剛好。

🚇Ⓑ巴士6路Davie St.　🏠1124 Davie `data` St.　📞604-683-2555　🕐11時30分～23時30分　無休

烤羊肉
Roast Lamb
C\$14.95

一盤分量都很多，建議可以多人一起分享

✦預算 每位C\$4.95～
✦座位 共100個

↓店內空間大換桌率高，排隊不用等很久

被暱稱為「Kits」的流行發源地

遊逛基斯蘭奴

1970年代開始成為了嬉皮的聚集地，
逐漸變成溫哥華最具代表性的流行聖地。
走在遠離城囂的街道上
來一場悠閒漫步吧。

↑一早就熙熙攘攘的49th Parallel Coffee Roasters

❶格調風尚的巧克力甜點店 Thomas Haas❷綿街上的第4街 ❸Lululemon Athletica（→P35、62）的總店也位於此

A 49th Parallel Coffee Roasters

MAP P141A2

手工甜甜圈超受歡迎

在咖啡市場競爭激烈的溫哥華也是數一數二的高人氣咖啡廳。直接從產地購買公平貿易有機咖啡豆，手工烘焙製作的咖啡廣受好評。店內引進了Lucky's Doughnuts的甜甜圈，以咖啡配上甜甜圈這樣美好的組合感受片刻悠閒吧！咖啡C$2.25。

data →P58

➡甜甜圈（海鹽焦糖、開心果）各C$3.50起

↑拿鐵咖啡（M）C$3.75

B The Naam

MAP P133A3
地圖正面-B4

基斯蘭奴文化的代表

受到當地30年以上愛戴的知名素食餐廳。每天晚上會有藍調、爵士樂等現場演出，營造出老基斯蘭奴的獨特懷舊氛圍。

data ➡第4街與阿標特斯街路口步行12分
2724 W. 4th Ave. 604-738-7151
24小時營業
無休

Naam 招牌漢堡套餐C$14.25 使用大量蔬菜製作的素食漢堡非常健康

24休哦！無休！全年

←店員 Lenn

C Aphrodite's

MAP P132A3
地圖正面-A4

使用新鮮水果製作的極品派

無論什麼時間都門庭若市的有機咖啡廳。有12種不同口味的手工自製派C$7.50～，受到具有健康意識的客群喜愛。大分量的派適合2個女生分享。另有提供豐富餐點選擇。

data ➡第4街與阿標特斯街路口車程5分
3605 W. 4th Ave.
604-733-8308 9～21時（週五、六為～21時30分）無休

➡大旗幟為本店標誌

布滿酸酸甜甜的覆盆子莓手工派C$7.50，拿鐵咖啡C$4.75

Shopping

↓店內充滿香氣氣味

D 伊聖詩
Escents `MAP P141A2`

以香氣療癒身心

起源於溫哥華的有機香氛品牌。工廠設於溫哥華近郊，身體護理、皮膚保養、頭皮養護等產品皆使用100%天然無添加的植物精油。店內提供皮膚檢測和專業的保養建議。精油C$10.95～，可以依照自己的喜好客製化。
`data` →P67

↑香料海鹽
C$5.99

↑添加香氛精油的香皂各C$6

←濃縮了玫瑰精華的化妝水C$17

E Whole Foods Market
`MAP P141A2`

提供豐富的有機食材

在北美和歐洲開設430間以上分店的有機食材超市。除了食材，也有販售多樣豐富的自然美妝品。店內提供外帶熟食，可以在這裡簡單享用午餐。
`data` ⊗第4街與阿標特斯街路口步行4分 ⊞2285 W. 4th Ave. ☎604-739-6676 ⌚7時30分～22時 ⊠無休

↑Crofter's無添加果醬
C$3.69

往基斯蘭奴海灘
3rd Ave. W. / Pine Street
Lululemon Athletica P35、62
第3街
Sophie's Cosmic Café
N
0 ——— 100m
E Whole Foods Market
伊聖詩
•Saje
第4街 4th Ave. W.
•Country Beads
Candy Aisle
Yew Street / 阿標特斯街 / Maple Street
伊聖詩 **D** **A**
B 往The Naam、
C Aphrodite's、
F Thomas Haas
49th Parallel Coffee Roasters
5th Ave. W.
第5街
往福溪科學世界P49

F Thomas Haas
`MAP P133A3 地圖 正面-B4`

以精品巧克力來當伴手禮吧

由手藝超群的巧克力大師Thomas Haas所開的甜點店。Thomas Haas早期在德國、瑞士修業，也曾擔任過知名飯店的甜點師傅。除了巧克力之外也有提供馬卡龍等甜點，附設的咖啡廳也很有人氣。
`data` ⊗第4街與阿標特斯街路口步行12分 ⊞2539 W. Broadway ☎604-736-1848 ⌚8時～17時30分 ⊠週日、一

←五顏六色的馬卡龍 每個C$1.90
↓巧克力磚C$5.70。標示的數字為巧克力純度

巧克力每顆 C$1.30～

温哥華觀光焦點 遊逛基斯蘭奴

Check! 人氣景點還有這裡！

福溪周邊
False Creek
`MAP P135C4 地圖 正面-E4`

位於內灣的複合式景點

2010年溫哥華冬季奧運會的選手村便坐落於此。走在海邊步道上可以看到卑詩體育館及科學世界等建築，感受充滿現代感的氛圍。選手村現為天然食材超市Urban Fare等熱門話題店的聚集地。今後也將成為熱門觀光景點。

↑奧運選手村廣場周邊匯集許多商店

→有機麵包店「Terra Breads Cafe」

科學世界
Telus World of Science
`MAP P135D4 地圖 正面-F3`

耀眼的圓球形狀非常引人注目

1986年溫哥華世博會時作為展場館之用。透過獨特的展出方式，讓大家從玩樂中認識科學。`data` →P49

基斯蘭奴海灘
`MAP P133A3 地圖 正面-C3`
Kitsilano Beach

Break!

可以一口氣眺望史丹利公園及英吉利灣美景的海灘。距離第4街很近，很適合來休息放鬆一下。⊗從第4街步行8分鐘

↑基斯蘭奴海灘漫步

暢遊固蘭湖島

經過再度開發轉型為臨海開發休閒島，
景點豐富魅力十足！
不管是當地人還是觀光客都非常喜愛。

ACCESS

❶巴士
沒有直達固蘭湖島內的巴士。可
以搭乘50路巴士於固蘭湖橋旁
的巴士站下車，步行前往約8分
鐘。如果搭乘10、14路等巴
士，需於固蘭湖橋上的巴士站下
車，步行前往約10分鐘。
費C$2.75

❷渡輪（→P44）
迷你渡輪「Aquabus水上巴士」及
「福溪渡輪」於Aquatic Centre
（MAP/P134A4）搭乘。費C$3.25～

↑可以品嘗到本地
啤酒的固蘭湖啤酒
餐廳Granville Island
Brewing

←The Sandbar
（→P55）海邊露
天座位

迷你渡輪乘船處

● Bridges

JJ Bean

Ⓑ 公共市場 Public Market

● Aquabus水上巴士乘船處
● The Sandbar

Paper-Ya
工藝美術市場 Ⓒ Net Loft

往市中心

Ⓔ Edible Canada

Ecomarine Ocean
Kayak Centre

海洋市場 Maritime Market

Broker's Bay

Duranleau St.

固蘭湖橋
（固蘭湖街）
Granville Bridge
Granville St.

Old Bridge St. Johnston St.

艾蜜莉卡藝術
及設計大學
Emily Carr University

False Creek

兒童市場 **Ⓓ** Kids Market

Ⓐ 固蘭湖啤酒餐廳 Granville Island Brewing

Cartwright St.

50路巴士站

The Cat's Social House 觀光服務處

Granville Island Hotel

Island Park Walk

阿爾德灣 Alder Bay

Anderson St.

EAT

Ⓐ

店內提供季節
限定等8種不同
口味的啤酒

固蘭湖啤酒餐廳
Granville Island Brewing

MAP P140A4 地圖 正面-B6 →Diamond經理

來乾一杯現榨啤酒！

於1984年開始的加拿大本地啤酒廠，
以B.C.省的優質水加上啤酒花釀造。
可以參加啤酒廠參觀行程，一天有5
場（全程約45分鐘）冬季為一天3
場，行程中可以試喝到3種不同口味
的啤酒，費用為每位C$9.75。

data 住1441 Cartwright St. ☎604-
687-2739 時10～20時（視時期而異）
休無休

3種綜合火腿盤
Humms Plate C$12特選
下酒的3種生火腿。有4種
口味的啤酒可供選擇C$7

↑街邊漫步，路上充滿海島度假
區的氛圍

Break!

JJ Bean MAP P140A3 地圖 正面-B5

於羅布森街也設有分店
的人氣咖啡廳一號店。
位於市場內的小型店
面，來遊玩時可以順道
造訪一下。
住公共市場1F ☎604-
685-0613 時7時30
分～19時 休無休

有許多當地產的蔬菜水果

B 公共市場
Public Market MAP P140A3 地面正面-B5

跟著當地人一起買菜吧

新鮮海鮮、起司、火腿、現烤麵包、甜點等，匯集了豐富多樣食材的傳統市場。除了觀光客之外，也相當受到當地人喜愛，每逢週末都人山人海。

`data` 🏠1689 Johnston St. ☎604-666-5784 🕐9~19時 🚫無休

C Net Loft MAP P140A3 地面正面-B5

遇見個性派商品

公共市場對面的小型購物商場。匯集了20間以上的特色商店，販售原住民及當地藝術家的工藝品、家飾品等獨創商品。

🏠1666 Johnston St. ☎視店鋪而異 🕐10 `data` ~19時 🚫無休

特選商店PICK UP！

Paper-Ya

販售筆記本、行事曆、明信片、壁紙等高質感的紙類用品店。
🏠Net Loft內 ☎604-684-2531
🕐10~19時 🚫無休

Check!

挑戰戶外運動

來到四周環海的固蘭湖島租借獨木舟挑戰一下。皮划艇也是相當受到當地人喜愛的熱門運動。

●Ecomarine Ocean Kayak Centre

適合初學者的划樂導覽行程全程約2小時，每位C$69~。
🏠1668 Duranleau St.
☎604-689-7575 🕐10~18時(6~7月為9~21時、8~9月為9~20時) 🚫1月份的週一
MAP P140A3/地面▶正面-B5

D 兒童市場
Kids Market MAP P140A4 地面正面-B6

與小孩一同同樂

匯集許多販售玩具、繪本、樂器等兒童用品的專賣店。館內的遊樂場設有溜滑梯、隧道等遊樂設施，後面則是水上公園。

`data` 🏠1496 Cartwright St. ☎604-689-8447
🕐10~18時 🚫無休

E Edible Canada MAP P140B3 地面正面-B5

美食伴手禮及餐廳

販售加拿大食材，同時結合餐廳的複合式商店。入口處為食材區和排放B.C.省產葡萄酒的酒吧，裡面為開放感十足的挑高餐廳。

`data` 🏠1596 Johnston St. ☎604-682-6681 🕐11~21時(週五為11~22時、週六為9~22時、週日為9~21時) 🚫無休

↑地產地消的餐廳越來越受到歡迎。可以體驗到加拿大的飲食文化

↑販售多種高玩具包含星際大戰系列等

↑匯集許多兒童用品專賣店 ➡五顏六色的外觀。2F為遊樂場及餐廳

➡B.C.省歐肯納根自家製葡萄酒C$32

↑自家製調味鹽C$8.95(有各種風味)

Check!

Edible Canada有舉辦各種飲食講座，包括在公共市場挑選食材的竅門、或是美食體驗營等活動。詳情請參閱🖥 http://www.ediblecanada.com/

使用當季食材的正統派美食

「地產地消」餐廳

使用加拿大當地當季產的食材，
實踐「地產地消」的美食餐廳
是溫哥華飲食的最新趨勢。
就來介紹一下受到當地人好評的極品美食吧！

必點招牌
海鮮巧達濃湯
Award-Winning BC Spot Prawn
and Seafood Chowder
C$8

羅布森街

位於羅布森街上，交通方便

Forage MAP P136B3

享用美食及葡萄酒一定要來這裡

於2012年開業，位於羅布森街上的利時達酒店內。食材
是由主廚親自前往採購，麵包、果醬都全部手工製作，
堅持品質的美味廣受好評。搭配歐肯納根的酒莊釀造的
8種葡萄酒（每杯）C$9～及B.C.省的本地產啤酒一同享
用。

data 1300 Robson St. 利時達酒店
（→P69）1F 604-661-1400 6時30
分～10時（週末為7～14時）、17時～凌晨
無休 ●預算 午餐C$20～、晚餐C$45～
●座位 共70個

①獲選2012年溫哥華巧達濃湯代
表賽優勝的招牌海鮮巧達濃湯。
後面為3種啤酒組合C$12（附下
酒菜）②蕈菇拼盤Foraged And
Cultivated Mushrooms,Okanagan
Goat Cheese,Grilled Caraway
RyeC$14。適逢產季時可以吃到
加拿大產松茸

必點招牌
香煎鴨胸肉
Duck Breast
C$26

基斯蘭奴

Fable MAP P141B2

享用美食吧的輕鬆自在的

深受當地人歡迎的人氣餐廳

店名是取自「from Farm to Table（從農場到餐桌）」
的意思而來。讓客人在輕鬆舒適的環境下享用加拿大
出產的美味菜色。於2012年開業到現在，短時間內就
累積大量人氣，總是大排長龍的熱門餐廳。

data 第4街與阿標特斯街路口步行
4分 1944 W. 4th Ave. 604-
732-1322 11時30分～14時（週
末為10時30分～14時）、17～22時
無休 ●預算 午餐C$20～、晚餐
C$50～ ●座位 共70個

①封住所有美味的鴨胸肉
下面鋪有義大利餃。酸酸
甜甜的覆盆子醬相當提味
②油漬鮪魚Canned Tuna
C$12，直譯為「罐頭鮪
魚」。搭配麵包脆餅一起
吃非常美味！

蓋士鎮

請享用我們精心製作的菜色

Wilde beest
MAP P139C3

在時尚氣氛中品嘗精選食材

採用復古木材及紅磚等建材配上昏暗的燈光打造出充滿情調的氛圍。以「不浪費，將食材盡其所能的全部用盡」為其理念，製作出對食材充滿敬意的菜色。可以品嘗到直接從當地契約農場進貨的精選食材。

data ◯◯ⓢ高架列車Waterfront站步行7分
🏠120 West Hastings St.
📞604-687-6880
🕐17時～24時（週末中午有營業10～14時）🚫無休 ●預算 午餐C\$20~、晚餐C\$50~ ●座位 共140個 🈁

必點招牌
碳烤小牛胰臟
Roasted Sweetbreads
C\$18

將小牛胰臟碳烤之後淋上香料蘋果醬汁，再搭配焦糖洋蔥的美味前菜。擁有柔嫩口感的一道簡單菜色，充滿本店特色

必點招牌
白酒燉蘑菇
Fricassee of Mushrooms
with a Poached Egg
C\$18

蓋士鎮

時尚的店內環境也是一大魅力

L'Abattoir
MAP P139C2

高雅的摩登餐廳

以19世紀的古典建築改裝而成。1樓為挑高的酒吧，裡面及2樓為不同風格的餐廳。實踐地產地消，提供以法國菜為基礎的無國界創意菜色。賞心悅目的當季菜色讓人忍不住想品嘗一口。

data ◯◯Ⓑ搭巴士50路到Water St.
🏠217 Carrall St. 📞604-568-1701
🕐17時30分～22時（週五、六為17時30分～22時30分。酒吧營業到凌晨） 🚫國定假日 ●預算 晚餐C\$75~ ●座位 共70個

❶以當季蘑菇佐以沙巴雍醬。上菜時會在客人面前灑上大量現磨松露♪❷虹鱒魚佐櫻桃脆蘿蔔沙拉 Warm steelhead and crunchy potato salad C\$15。擁有豐富油脂的虹鱒魚沒有任何腥味，非常美味。

1 2

Check!

農夫市集
Farmers Market

溫哥華的廚房，匯集安心食材

販售近郊農場直送的新鮮蔬菜及食材的農夫市集，也就是我們熟悉的農產品直銷中心，在溫哥華於1995年才開始推行。從一開始的小規模，到現在市區各地都舉辦的盛況。場地及時間、規模會依不同季節而有所更動，詳細資訊請參閱官方網站。

data 🏠💵💰視時期而異 📞604-879-3276（辦事處）
🌐http://www.eatlocal.org/

↑耶魯鎮上的農夫市集

溫哥華觀光焦點 「地產地消」餐廳

來超市及專門店採購

必買伴手禮精選select5

除了提到加拿大一定會想到的經典特產楓糖漿之外，
還有好多好多值得推薦的伴手禮！Lala Citta編輯部
精選了5樣在超市也能輕鬆買到的必買伴手禮

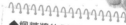

◆楓糖漿的5個等級

No.**1**	特淺/淺琥珀色 Extra Light/Light	顏色很淡，帶有清爽的甜味。收穫期很早，非常珍貴。
	中等琥珀色 Medium	呈琥珀色澤，味道香濃。收穫期較晚，但是市面上最普遍的一款。
No.**2**	琥珀色 Amber	比淺咖啡色要更深一點。適合搭配美式煎餅品嚐。
No.**5**	深琥珀色 Dark	呈現最深的琥珀色。有濃烈香味。適合餐廳或是食品加工時使用。

加拿大伴手禮的經典

Select1 楓糖漿

Maple Sirop

加拿大伴手禮的代表。將糖楓樹的樹液煮滾濃縮製成。製作方法從早期原住民開始一直傳到後來的移民者，進而傳遍整個加拿大。主要產地為魁北克省。

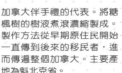
熬煮楓糖漿製成，適合塗在麵包上享用的楓糖奶油
C$11.50(260g)…Ⓐ

Check!

還有好多楓糖點心

使用100%楓糖的特濃楓葉糖果
C$9…Ⓐ

楓葉形狀的奶油夾心楓糖餅乾
（大）C$4.99…Ⓖ

隨著收穫期醞釀不同風味。可以參照標示確認楓糖漿等級。楓糖漿（由左至右）
C$15.70(250ml)…Ⓐ C$9.99(250g)…Ⓖ
C$5.95(50ml)…Ⓐ

可以用在冰淇淋、甜點上的凝膠狀楓糖漿楓糖果凍C$8.35(125ml)
……Ⓐ

不添加白砂糖而使用楓糖的楓糖巧克力C$2.99…Ⓖ

也是經典中的經典！慢慢挑選吧

Select2 鮭魚

Salmon

於近郊河流朔河而上的鮭魚是溫哥華名產。除了製成煙燻鮭魚外，還有其他豐富多樣的加工產品。需要冷藏的商品記得請店員提供保冰包裝。

辛辣口味的下酒小菜鮭魚乾
C$6.99…Ⓖ

◆鮭魚的主要種類

帝王鮭
僅分布於太平洋北部，且數量逐年減少中。擁有豐富油脂。

紅鮭
肉質鮮紅，肥美鮮甜。無法養殖因此非常珍貴。

銀鮭
市面上一般的鮭魚都屬於這種。油脂較少，味道清爽。

添加了楓糖風味的經典煙燻鮭魚楓糖煙燻野生紅鮭
C$13.99…Ⓑ

可以直接食用也可以搭配義大利麵鮭魚罐頭
C$7.99…Ⓑ

Select 3 葡萄酒
Wine

雖然加拿大的冰酒非常出名，不過溫哥華周邊有超過500間以上的葡萄酒廠，少量生產高品質葡萄酒，也擁有相當高的評價。

充滿成熟果香餘韻的黑皮諾葡萄酒 Stoneboat 2010年
（紅）C$23.47
（750ml）···**D**

曾獲選最優秀酒莊的 Joie Farm A Noble Blend 2015年
（白）C$23.47
（750ml）···**D**

原住民酒莊出產的冰酒，充滿香甜果香
NK'MIP 2014年
（白）C$56.51
（275ml）···**D**

◆葡萄酒產地

位於溫哥華東部的歐肯納根是加拿大的葡萄酒產地代表之一。擁有良好日曬及豐厚土壤的丘陵地上，設有132間以上的酒莊。也有出產不少獲得國際葡萄酒大賽優勝的名酒。

〈冰酒是什麼？〉
使用冰凍的葡萄進行釀造，製成香甜的葡萄酒。因數量稀少而珍貴。

木盒裝Merlot梅洛葡萄冰酒。PARADISE RANCH 2013年
（紅）$28.62（200ml）···**D**

Select 4 有機產品
Organic Goods

來溫哥華就要買天然產品，也可以作為伴手禮。100%有機的美妝保養品是女性伴手禮的新潮流。

可以擦在手腕、脖子、耳後的精油香氛棒，攜帶方便。滾珠精油棒C$24···**E**

添加酪梨精油，讓乾燥的雙手和肌膚可以得到豐富滋養。手部&身體乳液C$22···**D**

添加天然植物精油的手工香皂。具有去角質功效，讓手部及身體肌膚光滑水嫩。香皂各C$6···**E**

5種不同的精油組合，可以配合身體狀況選擇抒壓或舒緩疼痛等不同精油。Pocket Pharmacy C$59.95···**F**

Select 5 本土系商品
Native Item

北美原住民的傳統工藝品，像是捕夢網、圖騰柱等，有充滿特色的，也有實用性強的，種類繁多。

不同部落雕有不同的圖騰，天然杉樹價格較高。圖騰柱擺設C$29.99···**G**

羊毛X兔毛的溫暖觸感毛靴
C$69.99···**G**

Check! 楓葉商品

有很多以加拿大國旗上的楓葉為主題的伴手禮。可以作為公司同事等大量贈送的伴手禮。

兒童T-shirt
C$11.99···**G**
遠看也顯眼的紅底白楓葉

動物鑰匙圈
C$4.99···**G**
木雕小熊身上印有加拿大國旗！

捕捉好夢，阻擋惡夢的護身符。捕夢網
C$6.99···**G**

可以來這裡買！

入手加拿大人氣品牌！

沈醉於戶外
運動
用品
運動 ♥

溫哥華盛行戶外運動，有許多運動服及運
動用品的熱門品牌。介紹一下代表加拿大
的3大人氣品牌！

↑讓人迷路的超大店內空間
→MEC招牌非常顯眼

最適合當伴手
禮的馬克杯各
C$11.50

藍X紅的鮮豔配
色登山外套
（Patagonia）
C$199

Mountain Equipment CO-OP MAP P133B3

讓登山愛好者無法抗拒的魅力！

起源於溫哥華的戶外用品品牌，略稱為
「MEC」。受到當地人喜愛，於加拿大共有17
間分店。是除了服飾之外，帳棚、自行車等也
相當齊全的大型店鋪。除了MEC原創商品之
外，也有販售其他知名品牌商品。

data 高架列車Broadway-City Hall站步行6分 130 W. Broadway 604-872-7858 10～19時（週
四、五為10～21時、週六為9～18時、週日為10～17時）
無休 ※購買商品需先加入MEC會員（C$5）

瑜珈＆登山品牌
的褲子（prana）
C$95

色彩繽紛的繞
頸綁帶洋裝
（Patagonia）
C$68

輕量簡約的後背包
（Black Diamond）
C$142

超厚保暖兒童
連帽外套
C$39

逛街也可以穿的
健行鞋
（WOOLRICH）
C$129

有任何疑問都
可以隨時詢問
店員！

溫哥華品牌腕錶
（MOMENTUM）
C$200

可愛的兒童後背
包（Deuter）
C$142

有豐富多樣的配色及設計，髮帶
C$12～18

增添時尚感的外套
C$108
坦克背心
C$58

彈性良好的瑜珈褲
C$118

Lululemon Athletica
MAP P141A2

受到全世界喜愛的瑜珈品牌

瑜珈服飾的代表性品牌Lululemon Athletica的第一家創始店位於基斯蘭奴，提供優質簡約的商品。不光是做瑜珈的時候，很多人在日常生活中也會愛用。羅布森街上也有一間分店。
data →P62

造型可愛的後背包
C$118

3mm的瑜珈墊
C$58、攜帶用收納袋C$32

換洗衣物也能輕鬆收納的大容量包包C$128

不要錯過了有10種以上穿法的Vinyasa圍巾！C$48

始祖鳥
Arc'teryx
MAP P141B2

正統派戶外用品店

起源於溫哥華的登山及戶外用品品牌，以高機能性和優質設計而廣為人知。基斯蘭奴店於2013年開幕。販售適合於山區進行越野跑、登山的機能服飾和裝備，也有優雅設計的都會休閒服飾等選擇豐富。

data 第4街與阿標特斯街路口步行2分 2033 W. 4th Ave. 604-737-1104 10～19時（週五為10～18時、週日為11～19時）無休

品牌旗下推出的第一件羽絨外套而引起話題
Thorium AR Hoody
保暖羽絨外套C$330

防水透氣超輕量GORE-TEX BETA 輕量外套C$550

逛街健行都可以穿
Approach
健走鞋
C$220

男女服飾都很齊全

適合上班族的商務系列BLADE後背包
C$200

LOGO
毛帽
各C$40

Check!

始祖鳥暢貨中心
Arc'teryx Factory Store
MAP 地圖 正面-F1

可以挖到寶！?

全世界唯一一間始祖鳥暢貨中心便位於北溫哥華總公司的旁邊。來這裡可能可以找到特別的限量商品，喜歡這個品牌的人千萬不要錯過。

data 市中心車程20分 2155 Dollarton Hwy., North Vancouver 604-960-3119 10～18時 無休

市中心旁的世外桃源♡

出發前往卡皮拉諾河谷&松雞山GO!

從溫哥華市中心搭乘海上巴士&巴士前往約45分鐘車程。距離市中心如此近的世外桃源，充滿豐富景點，不去實在太可惜啦！

前往北溫哥華的交通方式

從市區的Waterfront站搭乘海上巴士（→P44）到北溫哥華的Lonsdale Quay站下車，於站前的巴士站轉乘236路巴士可以抵達卡皮拉諾吊橋及松雞山。

推薦！ **碼頭市場**
Lonsdale Quay Market　MAP P132B2

北溫哥華渡輪停靠碼頭旁的購物中心。服飾店、食品店、生活用品店、餐廳等約有80間以上的商店。🚢海上巴士Lonsdale Quay站 📍123 Carrie Cates Court, North Vancouver 📞604-985-6261 🕐9～19時(視店鋪而異) 休無休

```
N   0      2km        ③松雞山
         卡皮拉諾河          ④山頂站
                            觀景台
          北溫哥華
                    ②卡皮拉諾吊橋
                            碼頭市場
                    巴士站
         Lonsdale Quay站 ⑤ ①
         史丹利公園
                        海上巴士
                    ● Waterfront站
```

卡皮拉諾吊橋
Capilano Suspension Bridge　MAP P132B1

離地70m高的高空散步

設於針葉林樹冠層的大吊橋驚險刺激。於1889年以麻繩及杉木板建造而成為觀光景點，至今已歷史悠久。經過多次改建，現為鋼絲製的堅固吊橋。走在搖搖晃晃的吊橋、站在讓人頭暈目眩的高度，欣賞下方的卡皮拉諾河流和大自然的綠意。吊橋的對面為森林步道「Treetop Adventure樹頂探險」和充滿原住民傳統文化的「圖騰柱公園」。
data →P51

↑販售原創商品的伴手禮店「Trading Post Gift Shop」

1.還能去欣賞搭乘纜車前往
的惠斯勒中心區
2.原住民村周邊有許多豐富景點

Check!

懸崖步道
Cliffwalk　Activity

沿著卡皮拉諾河谷的斷崖絕壁設置的木製步道。可以體驗不輸給橫越吊橋的驚心動魄。
data 同卡皮拉諾吊橋

樹梢探險
Treetops Adventure　Activity

離地約30m高，可以體驗和小鳥、松鼠相同高度的視野來欣賞森林的空中步道。觀光重點的樹木設有觀景台。
data 同卡皮拉諾吊橋

峽谷觀景台
Canyon Lookout　View point

從遠處欣賞吊橋的觀景台。位於吊橋前伴手禮店的後面。
data 同卡皮拉諾吊橋

經典行程 全程約3小時

1 碼頭市場Lonsdale Quay Market
→巴士30分→
2 卡皮拉諾吊橋
→巴士10分→
3 松雞山
→Skyride纜車10分→
4 山頂站
→Skyride纜車&巴士45分→
5 Lonsdale Quay站

搭乘海上巴士前往Waterfront站約12分

松雞山
Grouse Mountain

MAP P132B1

溫哥華的第一高峰

被稱為「溫哥華最高峰」的松雞山，標高1250m。冬季為滑雪場、夏季是人氣觀光景點。Skyride纜車每15分鐘一班，可以搭乘前往山頂的觀景台，將溫哥華市區街景及太平洋景色盡收眼底。山頂上有餐廳及咖啡廳，可以一邊欣賞夜景一邊用餐。

data →P51

搭乘Skyride纜車前往山頂

從山腳到標高1128m的山頂約8分鐘即可到達。山頂有伐木工人表演及鳥類表演可供觀賞。

全長137m

高70m

↑乘坐45人坐或100人坐的纜車前往山頂。夏季的山頂氣候十分涼爽，要記得帶禦寒衣物

野生動物的天堂

松雞山上住著郊狼、灰狼等許多瀕臨絕種的野生動物。

→在山上可以看到很多松鼠出沒，禁止餵食

絕佳景色～

Check!

松雞山登山步道
Grouse Grind

Trail

沒有纜車，靠著步行攀爬853m的正統登山步道。每年約有10萬人前往挑戰。

data 自由入山
※11～4月不開放

溜索
Zipline

Activity

可以前往山頂體驗，享受在森林裡滑翔的樂趣。
data 10時～17時30分（11～4月～16時）無休 C$80～ www.grousemountain.com

The Observatory

Eat

位於松雞山山頂的餐廳，可以一邊欣賞市區夜景一邊享用餐點。
data 604-998-5045 17～22時 無休 晚餐C$60～

市區逛逛小建議及交通資訊

市區逛逛小建議

以羅布森街及格蘭維爾大街為起點

溫哥華可以大致劃分為中心部（市中心）、北部（北溫哥華）、南部三個區域。撇除史丹利公園，溫哥華的市中心其實面積不大，觀光、購物、用餐等都可以徒步前往。羅布森街與固蘭街的交叉路口是市區的中心點，因此只要認識這兩條街的位置就能大致掌握市區路線了。想要前往北部或南部觀光時，可以搭乘市區巴士、高架列車、海上巴士等，路程約30分鐘左右即可到達。

知道訣竅之後就不會迷路了。

溫哥華市區規劃為棋盤式路線，很容易掌握

認識地址標示

一般而言，地址是以道路名稱及道路門牌號碼來表示。若是位於交叉口的商店或餐廳，地址上可能會將兩條道路名都標示出來。同一棟建築中，有多家商店的情況下，地址前面會以 #（數字）的方式表示確切位置。基本上每條路上都設有路標。

路標，旁邊數字為道路門牌號碼

門牌號碼的奇數偶數

地址「1034 Robson St.」的門牌號碼為偶數，偶數位於羅布森街的西側。而「1107 Robson St.」的門牌號碼為奇數，奇數位於羅布森街的東側。與羅布森街平行的其他道路都遵行此規則。與羅布森街呈垂直交會的道路，例如「779 Thurlow St.」的門牌號碼為奇數，奇數位於瑟羅街的北側。「850 Thurlow St.」的門牌號碼為偶數，偶數位於瑟羅街的南側。以此推類。只要知道門牌號碼的奇數偶數是位於道路哪一側，就可以掌握大致的位置。

車流量大，要記得注意紅綠燈

交通速查表

一目瞭然最便捷的交通方式

出發地	前往羅布森街	前往蓋士鎮
羅布森廣場 出發	**羅布森街** →P16、20 MAP P136~137-A~D3	Robson St. x Howe St. ↓巴士5路約8分 Richards St. x Hastings St.
蓋士鎮 蒸汽鐘 出發	Richards St. x Hastings St. ↓巴士5路約6分 Robson St. x Howe St.	**蓋士鎮** →P16、18 MAP P138~139-A~D2
固蘭湖島 出發	W. 2nd Ave. x Anderson St. ↓巴士50路約13分 Granville St. x Smithe St.	W. 2nd Ave. x Anderson St. ↓巴士50路約17分 Cordova St. x Seymour St.
基斯蘭奴W.4th Ave x Arbutus St.出發	W. 4th Ave. x Arbutus St. ↓巴士7路約17分 Granville St. x Smithe St.	W. 4th Ave. x Arbutus St. ↓巴士4、7路約20分 Cordova St. x Abbott St.
南固蘭湖 Granville St x Broadway出發	Granville St. x 10th Ave. ↓巴士10路約14分 Granville St. x Smithe St.	W. 5th Ave. x Granville St. ↓巴士50路約15分鐘 Cordova St. x Homer St.
卡皮拉諾 吊橋 出發		Ridgewood Dr. x Norcross Way ↓巴士246路約30分 Lonsdale Quay站 ↓海上巴士約12分 Waterfront站
松雞山 出發		Grouse Mt. ↓巴士236路約26分 Lonsdale Quay站 ↓海上巴士約12分 Waterfront站

※「Robson St. x Howe St.」為設有巴士站的交叉路口。

主要交通工具

交通工具	票價	營運時間	建議避開時段	可使用CompassCard
巴士	全區均一票價C$2.75	5時～翌日1時。行駛於市區的巴士於清晨及深夜時段為30～60分鐘一班。晚上會加開不同路線的深夜巴士	避免於深夜搭乘巴士前往郊區。16～18時為道路壅塞時段	○
高架列車	高架列車與海上巴士的票價為3區域制，溫哥華市區的第1區票價為C$2.75，北溫哥華及機場為第2區票價為C$4。只要在90分鐘以內同一區轉乘上下車都免費。平日18時30分以後及週末、假日為全區域C$2.75	視路線而異，基本上為5時～翌日1時，週日只營到晚上12時，週末班次減少	為自動運行的無人駕駛列車，在人潮散去的22時以後盡量避免搭乘	○
海上巴士		6時16分從Waterfront站始發，末班車為翌日1時22分。6時2分從Lonsdale Quay站始發，末班車為翌日1時。週日末班車會提早出發	夜間避免搭乘	○
計程車	跳表計價。起跳價為C$3.20，之後每1公里為C$1.84	一般是打電話叫車。深夜搭車建議事先預約	早上9點前後及傍晚16點前後為市區道路壅塞時段	×

前往固蘭湖島	前往基斯蘭奴	前往南固蘭湖	前往卡皮拉諾吊橋	前往松雞山
Granville St. x Robson St. ↓巴士50路約12分 W. 2nd Ave. x Anderson St.	Granville St. x Robson St. ↓巴士4、7路約13分 W. 4th Ave. x Arbutus St.	Granville St. x Robson St. ↓巴士14、16路約13分 Broadway x Granville St.	Georgia St. x Granville St. ↓巴士246路約25分 Capilano Rd. x Norcross Way	Georgia St. x Granville St. ↓巴士246路約23分 Capilano Rd. x Woods ↓巴士236路約10分 Grouse Mt.
Water St. x Abbott St. ↓巴士50路約17分 W. 2nd Ave. x Anderson St.	Hasting St. x Abbott St. ↓巴士4、7路約20分 W. 4th Ave. x Arbutus St.	Water St. x Abbott St. ↓巴士50路約15分 Cloverleaf x Granville St.	Waterfront站 ↓海上巴士約12分 Lonsdale Quay站 ↓巴士236路約20分 Capilano Rd. x 3600 Blk.	Waterfront站 ↓海上巴士約12分 Lonsdale Quay站 ↓巴士236路約26分 Grouse Mt.
固蘭湖島 →P17、28 MAP P140下 地圖 正面	Granville Island ↓步行約10分 W. 4th Ave. x Fir St. ↓巴士4、7路約3分 W. 4th Ave. x Arbutus St.	W. 2nd Ave. x Anderson St. ↓巴士50路約4分 W. 5th Ave. x Granville St. 或步行前往約20分	 ↑卡皮拉諾吊橋	
W. 4th Ave. x Arbutus St. ↓巴士4、7路約3分 W. 4th Ave. x Fir St. ↓步行約7分 Granville Island	**基斯蘭奴** →P17、26 MAP P141上	W. 4th Ave. x Arbutus St. ↓巴士4、7路約5分 W. 5th Ave. x Granville St.		
Granville St. x Broadway ↓巴士50路約3分 W. 2nd Ave. x Anderson St. ↓步行約10分 Granville Island 或步行前往約20分	Broadway x Granville St. ↓步行約6分 Cloverleaf x Granville St. ↓巴士4路約5分 W. 4th Ave. x Arbutus St.	**南固蘭湖** →P17 MAP P133-A~B3	Granville St. x Broadway ↓巴士10路約15分 Cordova St. x Seymour St. Waterfront站 ↓海上巴士約12分 ↗	Lonsdale Quay站 ↓巴士236路 Capilano Rd. x 3600 Blk.(約18分。抵達卡皮拉諾吊橋)、Grouse Mt.(約25分。抵達松雞山)
 ↑固蘭湖島			**卡皮拉諾吊橋** →P36、51 MAP P132-B1	Capilano Rd. x 3600 Blk. ↓巴士236路約7分 Grouse Mt.
			Grouse Mt. ↓巴士236路約13分 Capilano Rd. x Edgemont Blvd.	**松雞山** →P37、51 MAP P132-B1

巴士 Bus

從 市中心到近郊，溫哥華的大眾交通工具主要為巴士。車資為全區均一票價C$2.75。巴士站有標示時刻表，不過實際到站時間會根據交通狀況而異，計畫觀光行程時建議預留一些緩衝時間。車輛有新有舊，但車內皆有冷暖氣。乘客較多的路線會有雙節巴士行駛。

近年來也導入了插電式油電混合動力巴士

●方便的路線

2、22、44路	主要路線為市中心的布勒街，搭乘44路可以前往基斯蘭奴及UBC方向。
4、7路	從固蘭湖街出發，行經固蘭湖島，到基斯蘭奴第4街。
5路	主要路線為市中心的羅布森街，途中行經登曼街及喬治亞街。
19路	行經唐人街所在的片打街後，前往史丹利公園方向。
50路	從市中心開往固蘭湖島。
C21、C23路	以耶魯鎮為中心，行經英吉利灣周邊和高架列車的緬街科學世界站方向。
236路	從北溫哥華的Lonsdale Quay站出發，前往卡皮拉諾吊橋、松雞山等北溫哥華觀光景點。
10路	從市中心沿著固蘭湖街開往固蘭湖島、范度森植物園方向。

●路線的種類

本書P142有刊登巴士、高架列車、海上巴士的路線圖。巴士分為兩種路線，固定路線Regular Route（橘色標記）和特定星期或時間的限定路線Limited Route（咖啡色標記）。除此之外另有快速巴士B Line（紫色標記）和深夜巴士。行駛路線可能會依情況變動，最新的資訊請參閱負責經營的Translink公司的官方網站。
URL www.translink.ca

2015年開始推出的Compass Card

由經營巴士、高架列車、海上巴士的Translink公司發行的電子票證系統智慧卡，替代從前的紙本票券和回數票，讓乘客在使用上更加方便，如同台灣的悠遊卡一樣。共有藍色、橘色、白色三種。白色卡專為觀光客設計，不能儲值，可以選擇購買一日券或單次券，用完即失效。單次券的票價依區域劃分，第1區C$2.75、第2區C$4、第3區C$5.50，巴士為全區域均一票價C$2.75。而平日晚上18時30分以後和週末、假日的票價為均一價C$2.75。90分鐘之內可以免費轉乘，可以算好時間好好利用。

一日券票價為C$9.75。可於車站內的自動售票機購買。使用方法很簡單，搭乘高架列車等交通工具上下車時，將票卡輕觸電子感應器即可（詳情請參閱P41~）。現在高架列車和海上巴士只能使用Compass Card，紙本票券已停止使用。

Compass

●來搭巴士吧

1 購買Compass Card

時常搭乘大眾運輸工具的話，搭車前先買好Compass Card（→P40）較為方便。Compass Card可於高架列車或海上巴士的站內自動售票機購得。不過如果不需要轉車，也可以不購買Compass Card直接投現。巴士上不能找零，搭乘前要先準備好剛好的現金。

備有升降梯的無障礙巴士前標有輪椅的圖示。

也有只有單支站牌的車站

2 尋找巴士站

在溫哥華市中心，巴士行經的各個路口都設有巴士站。各式各樣的巴士站都有，有的有遮雨棚有的是單支站牌。和台灣巴士站不同的是，巴士站沒有各自的站名。市中心的多數巴士站皆標有巴士號碼及目的地。查看路線圖先確認好巴士路線後，再來尋找巴士站吧。

有遮雨棚的巴士站

3 確認巴士號碼

同一個巴士站會有不同巴士停靠，上車前務必先確認好巴士號碼再上車

等車前，建議先確認好巴士站標示的巴士號碼及目的地。根據行駛路線的路況，可能出現巴士遲遲不來，一來卻一次來兩台等狀況。

4 上車

從前門上車。先讓下車乘客下車後再上車，不要急忙擠上車。多數情況下大家會排隊等車，請排隊依序上車。加拿大的文化是女士優先，男士要記得禮讓不要失禮。上車時，向司機確認好有沒有行經自己要前往的目的地再上車較為保險。若遇到親切的司機，會在到站時告知。

上車投現會拿到紙本票券，但是不能免費轉乘高架列車及海上巴士，要特別注意。

從前門上車

於自動售票機購買Compass Card

❶輕觸畫面後，下面會出現其他語言選擇，請選擇中文。之後會跳出再度確認的畫面，請再按一次中文的選項。

❷單次券及一日券都是選畫面右上方的「買單張票」進行購買。針對觀光客推出的白色Compass Card不具有儲值功能，所以其他選項都不需要選。

❸購買單次券請選左上方的「1 Zone C\$2.75」，一日券請選左下方的「DayPass C\$9.75」。按下按鈕後，會出現付款的畫面，使用現金或信用卡付款後就購買成功。

※Compass Card於車站剪票口或搭乘巴士上車時輕觸感應區的瞬間開始啟用

上車時感應
Compass Card

將現金投入
這裡

5 支付車資

一上車就可以看到位於司機右側的收費機,將現金投入即可(第1區C$2.75)。持有Compass Card的乘客請輕觸電子感應器。

6 在車內

付好車資後,盡量往裡面走。基本上看到空位都可以乘坐,不靠近車門附近的座位為博愛座,看到年長者或行動不方便的乘客要起身讓座。固蘭湖島等下車或轉車乘客較多的大站會有到站廣播。

大部分停靠站不會廣播到站訊息,要特別注意

7 下車前

拉一下下車拉繩就可以。也有部分巴士是按鈕式下車鈴

巴士會在各個路口站牌停車。有時候會因為道路壅塞而無法前進。不過,若是車上乘客已滿,也沒有人要下車的情況下,有可能會過站不停。各個站牌到站後不會有車內廣播,因此乘坐時透過車窗看看風景邊確認位置較為保險。拉下下車拉繩,「STOP」的燈便會亮起,巴士會在下一站停車。

基本上,下車是從後門下

8 下車

巴士停車之後,從後門下車。如果站得比較靠近前門,也可以從前門下車。上車時告訴司機要在哪一站下車的話,到站前司機會告知即將到站。從前門下車時,記得跟司機說一聲「Thank you」。有些人從後門下車也會和司機說一聲「Thank you」。使用Compass Card上車的乘客,下車時不需要再感應。

上下車時的注意事項

●有關治安方面
基本上上車上都很安全,晚上乘車時選擇靠近司機附近的位子較為安心。下車目的地若是遠離市區要多小心安全。特別是唐人街附近,即使白天治安也不好,要特別注意。

●回程巴士要去哪裡搭?
前往郊區時,記得下車時向司機詢問回程的乘車地點。郊區的巴士站不像市區的這麼好找,天黑之後更是難上加難。

巴士司機大多都非常親切

●遵守搭車禮儀
排隊依序上車、女士優先是基本禮儀。靠近車門附近的座位是年長者及行動不便者專用的博愛座。

Compass Card推出之後,紙本票券只能用於搭乘巴士了

PROOF OF PAYMENT / TRANSFER
TRANSLINK

紙本票券不能轉乘使用

上車投現之後,會拿到紙本票券。但是這張紙本票券不能用於轉乘高架列車及海上巴士。如果有轉乘需要,建議使用Compass Card搭乘。因為系統關係,巴士的車資為均一票價C$2.75,下車時不需要再次感應。

高架列車　Sky Train

高架列車為自動運行的無人駕駛列車，現在共有3條路線。3條路線都以市中心的Waterfront站為起始站。博覽線Expo Line開往素里市King George站方向，千禧線Millennium Line是本那比市往VCC-Clark站之間的環狀線，加拿大線Canada Line則連接溫哥華國際機場（→P116）到列治文市之間。市區軌道全面地下化，其他地區為高架軌道。

系統操作的無人駕駛列車

●來搭乘高架列車吧

Waterfront站前往地下乘車的入口

Burrard站前往地下乘車的入口

1 尋找車站

市中心只有5座高架列車的車站，因此只要掌握大致上的位置就可以很容易找到。只要認明藍白色的立牌就對了。乘坐電扶梯前往地下車站。

認明這個藍底白字的T

2 購買Compass Card

使用設於站內的自動售票機購買Compass Card（購入方式→P41）。依照當天行程來選擇購買90分鐘內可免費轉乘的單次券或當日內可以無限次搭乘的一日券。買好Compass Card之後，在入口處將Compass Card輕觸電子感應器即可入站。

在入口處使用Compass Card感應進站

3 上車

列車為自動開關門。2～5分鐘就有一班，不要急忙衝上車，來不及就再等下一班吧

到月台確認好列車目的地方向正確後，等待列車進站。列車到站後請儘速上車。

4 下車

每站停車，車門會自動開關。出站時將Compass Card輕觸電子感應區即可出站。使用單次券的乘客於90分鐘以內可以免費轉乘巴士、高架列車、海上巴士。

清爽乾淨的車廂。車內會有到站廣播

站內牆上有標示各車站名

Waterfront站的出口資訊。轉乘海上巴士的連接通道

站內的出口資訊。標示出周邊的主要地標、觀光景點

無限次上下車的觀光無軌電車&巴士

周遊溫哥華市區的觀光無軌電車&巴士。有無限次搭乘的一日券，也有包含觀光景點入場券的優惠套票。
●The Vancouver Trolley Company 時全程約130分鐘 金一日券C$42
●West Cost Stghtseeing 時全程約120分鐘 金一日券C$42

※平日18時30分以後及週末、假日為均一票價C$2.75。

市區逛逛小建議及交通資訊

海上巴士　Sea Bus

航行於市中心Waterfront站到北溫哥華Lonsdale Quay站之間的渡輪，每15～30分鐘一班，航程約12分鐘。為緩解獅門橋的塞車情況而誕生。屬於第2區，票價為C$4。

15～30分鐘一班

●來搭乘海上巴士吧

1

Waterfront
站乘船口

於站內購買Compass Card

站內設有自動售票機，可以購買Compass Card。

2

上船

和搭乘高架列車一樣，於乘船口將Compass Card輕觸電子感應器即可上船。

全程約12分鐘的乘船之旅

Lonsdale
Quay站乘
船口

3

下船

靠岸後排隊依序下船。於出口再次將Compass Card輕觸電子感應器。Waterfront站及Lonsdale Quay站都是出站後就是巴士站，方便轉乘。

出了Lonsdale Quay站後直走便可看到巴士站。若要前往卡皮拉諾吊橋則可在此處換車。

Lonsdale Quay站右手邊即是購物中心碼頭市場Lonsdale Quay Market
（→P36）

轉乘巴士

欲前往卡皮拉諾吊橋、松雞山等北溫哥華觀光景點的旅客，請選乘巴士前往。搭乘巴士的方法與市區巴士相同。從市中心乘坐巴士來到北溫哥華也是均一票價C$2.75。

前往松雞山方向的巴士。欲前往卡皮拉諾吊橋的旅客可以搭乘246路巴士。

迷你渡輪

主要針對觀光客提供服務的迷你渡輪，停靠各大觀光景點。從市中心前往固蘭湖島的航程中，可以感受到海上旅行的小確幸。

●福溪渡輪／False Creek
Ferry可供20人乘坐的小渡輪。停靠固蘭湖島、海事博物館、水上運動中心、Stamp's Landing、科學世界、耶魯鎮等站。5～30分鐘一班。C$3.25～5.50

●水上巴士　Aquabus
航行於福溪內。停靠宏比街南側、固蘭湖島、耶魯鎮等站。5～15分鐘一班（視路線而異）C$3.50～5.50

可愛的彩虹水上巴士

計程車 Taxi

計程車多為黃色和橘色車身。離開市區後較難叫車，可以在飯店前面或高架列車站前等地搭乘排班的計程車。跳表計價，起跳價為C$3.20，之後每1公里為C$1.84（視不同計程車車行而異）。沒有夜間加成。

高架列車站前排班的計程車

● 來搭計程車吧

計程車車身上會標有TAXI字樣

1 尋找計程車

從飯店出發時，可以請飯店的工作人員幫忙叫車。中型規模以上的飯店，門口都有在排班的計程車。用餐結束要回程時，可以請餐廳的人幫忙叫車。路上的空車車頂會亮燈顯示。

2 上車

上車時開啟後車門上車，並告知司機要前往的目的地。由於很多計程車司機是印度人等外籍人士，如果要前往較複雜的地方，將目的地址或最靠近的馬路交叉口等寫在紙上交給司機較為保險。車內禁煙，有空調。

可以將找零當作小費

3 下車

抵達目的地後，支付車資下車。付費時要記得加上跳表金額的15%作為小費（車資不超過C$8時小費為C$1）。如果有需要，可以跟司機索取收據。收據上有計程車行的電話，如果東西遺忘在車上或是想要預約車輛時，可以致電聯絡，十分方便。下車時請再次確認有沒有遺漏東西在車上。

水上飛機

從溫哥華高豪港的港灣水上飛機場到維多利亞（→P72）的內港，只需要約35分鐘的航程。可以體驗到小型飛機的不同樂趣。一天有20～30個航班，基本票價為C$210左右（視時期而異）。需事先預約。
● Harbour Air Seaplanes
URL www.harbourair.com/

港灣水上飛機場的水上飛機

基礎英語對話·交通篇

請問這台巴士有到○○嗎？
Does this bus go to ○○ ？

請問回程的巴士要在哪裡等車？
Where should I wait when I want to go back?

麻煩載我到○○。
To ○○○, please.

不用找了。
Keep the Change, please.

❶出發時間 ❷全程時間 ❸出團日
❹團費 ❺最少成行人數 ❻餐飲安排

Navi Tour Vancouver 分公司

📞604-682-5885/1-866-682-5885
🕐9～18時 🈳週末、假日 🏠911-470 Granville St. 🌐www.navitourca.com/(日文網站)
🗺️P137-D1

維多利亞及布查特花園 1日遊（4～10月）

搭乘渡輪和巴士前往維多利亞。於布查特花園停留約1小時，欣賞不同季節百花綻放的美景。在市區有1個半小時的自由活動時間。午餐於餐廳享用。

❶7時從飯店出發 ❷約12小時30分鐘 ❸每天出團 ❹C$195 ❺2人 ❻提供午餐

卡皮拉諾吊橋及松雞山漫遊 （4～10月）

離地70m高的卡皮拉諾吊橋驚險刺激。乘坐空中纜車前往標高1250m的松雞山山頂。市區的高樓大廈、溫哥華島的高山海洋，將所有美景一次盡收眼底。於山頂餐廳享用午餐。

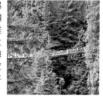

❶10時30分從飯店出發 ❷約6小時 ❸每週一、三、五、六 ❹C$180 ❺2人 ❻提供午餐

溫哥華半日遊 （4～10月）

遊逛史丹利公園、固蘭湖島、蓋士鎮等熱門觀光景點。逢花期時，會前往賞花景點欣賞櫻花、黃藤花、楓葉等，盡享溫哥華的自然美景。

❶14時30分從飯店出發 ❷約4小時 ❸每天出團 ❹C$70 ❺2人 ❻無

船上周游及溫哥華水族館 （4～9月）

事先於咖啡廳或超市買好午餐後，乘船巡遊布勒內灣。從海上眺望溫哥華街景。最後來到溫哥華規模最大的溫哥華水族館欣賞海洋生物。

❶10時從飯店出發 ❷約5小時 ❸每天出團 ❹C$120 ❺2人 ❻無(午餐自理)

溫哥華大眾運輸工具 一次坐到飽

搭乘高架列車、巴士、海上巴士等大眾運輸工具遊逛溫哥華近郊。匯集了大型超市及家電量販店的甘比街、充滿歷史的蓋士鎮等熱門景點。並搭乘海上巴士前往碼頭市場遊玩。

❶10時從飯店出發 ❷約4小時 ❸每天出團 ❹C$95 ❺2人 ❻無(午餐自理)

Sea to Sky海天纜車 及不列顛銅礦博物館

先前往不列顛銅礦博物館，乘坐礦山車進入礦山中，來一趟淘金冒險。之後來到於2014年5月建成的Sea to Sky海天纜車，約10分鐘就可以來到海拔855m的觀景台。欣賞完開闊景色並於健行步道悠閒散步後，回程來到雪龍瀑布。

❶9時從飯店出發 ❷約8小時30分鐘 ❸夏季的週一、五、六不出團 ❹C$180 ❺2人 ❻無(午餐自理)

惠斯勒1日遊 （6月1日～9月18日）

一邊欣賞高速公路旁的豪灣美景，一邊前往雪龍瀑布。抵達惠斯勒之後，搭乘空中纜車來到山腰，再改坐吊椅纜車來到山頂眺望景色，享受在健行步道漫步的樂趣。在惠斯勒預計停留4小時左右。

❶8時從飯店出發 ❷約11小時 ❸週四～一 ❹C$180 ❺2人 ❻無(午餐自理)

※以上資訊為自2016年3月起算。團費是一人份。行程內容可能會依情況有變動，請於事前確認。可於有設置旅遊服務台的旅館報名參加。

✤ 溫哥華 ✤
分類別
推薦景點

於特集中介紹不完的推薦景點，
分門別類介紹給大家。
咖啡廳、美食餐廳、專賣店等，
想要盡享暢遊溫哥華一定要看！

Contents

※ 交通資訊以最近車站或設有巴士站的路名來標示。

✦ Sightseeing

觀光景點

除了市區的觀光勝地、
熱門地點,還有稍微走遠一點就有充滿
大自然風情的近郊,景點滿滿的溫哥華,
盡情選出自己想去的地方吧!

還有特集
也要
Check!

蓋士鎮⋯P16
英吉利灣⋯P22
卡皮拉諾河谷⋯P36

 Advice

觀光服務處
Tourism Vancouver Visitor Centre

MAP P138-A3 地圖 ▶正面-E2

🚆Ⓢ高架列車 Waterfront站步行4分
📞604-638-2000 🕐9~17時 🈳無休

●近郊及唐人街
北溫哥華的主要景點與唐人街在同一個方向,只
要安排一個整天行程就非常足夠。另外,唐人街
靠近治安較差的區域,觀光行程最好安排在白
天,避免晚上一個人前往。

羅布森街周邊 MAP P137-D3 地圖 ▶正面-E3

溫哥華美術館
Vancouver Art Gallery 必見

展出加拿大藝術家的畫
作及原住民的工藝品

以加拿大最具代表性藝術家Emily
Carr的系列作品最為出名。並展
示出七人畫派Group of Seven
等加拿大藝術家的作品和原住
民的工藝品等。提供30分鐘~1
小時的館內導覽(英文),每
週四、六舉行5次、週日1次,
有興趣可以參加。不同時期會
舉辦特別的企劃展,規模雖然
不大,但是廣受好評。位於2樓
的咖啡廳簡約時尚,受到當地
人歡迎。可以不入館單純喝杯
咖啡,於觀光行程的空檔前來
也不錯。設有商店可以購買紀
念品。(→P21)

↑館內4樓展出
Emily Carr的作品
←咖啡廳提供的
鹹派附沙拉
C$9.25與紅茶
C$2.25

DATA ⏱30~120分

🚆Ⓢ高架列車Vancouver City Centre站步行
3分 🏠750 Hornby St. 📞604-662-4719
🕐10~17時(週二為10~21時) 🈳無休
💲C$20(週二的17時以後可免費入場)

→時常有充滿個性的獨特企劃展

灣區 MAP P138-A2 地圖 ▶正面-E2

加拿大廣場
Canada Place 🛬

五個純白船帆為其標誌

位於布勒內灣上如豪華郵輪般
的建築物是1986年為世博會所
建設的綜合大樓,設有展覽館
東館、遊船碼頭、Pan Pacific
Vancouver Hotel(→P70)
等。主展場上的五個純白船帆
是一大特色。走在面朝內灣的
散步道上十分舒適宜人,總
是充滿了情侶及一家大小的遊
客。(→P19)

→作為世博
會展場場館的
加拿大館

↑如同豪華郵輪般的美麗建築

DATA ⏱~30分

🚆Ⓢ高架列車Waterfront站步行2分
🏠999 Canada Place 📞604-665-
9000 🕐視各設施而異
🈳視各設施而異

🌐世界遺產 👁必看景觀 🛬絕佳景觀
⏱~30分 大約30分 ⏱30~120分 30~120分 ⏱120分以上 120分以上

灣區 MAP P138-B3 地圖▶正面·E3
海港中心觀景台 必見
Harbour Centre(Lookout)
溫哥華地標

溫哥華數一數二高的海港中心，距離地面168m的最高層設有觀景台。搭乘大樓外側的電梯上樓，可以透過電梯玻璃眺望到北溫哥華的山景。觀景台為360度全景視野，天氣晴朗時可以看到遠方的維多利亞。購買入場券後，當日可以自由進出，可以盡享溫哥華的日景及夜景。（→P19）

↑十分顯眼的觀景台
→想要一眼望盡溫哥華街景就一定要來這裡

DATA ~30分
🚇⑤高架列車Waterfront站步行2分 🏠555 W. Hastings St. 📞604-689-0421
🕐8時30分～22時30分（冬季為9～21時、Top of Vancouver餐廳為11時30分～15時、17～22時、視週幾而異）
🈚無休 💲C\$16.25（當日內有效）

灣區 MAP P138-A2 地圖▶正面·E2
飛越加拿大
FlyOver Canada
充滿魄力的新娛樂設施

於2013年春天推出的超人氣娛樂設施。帶領觀眾如同乘上直昇機般，飛越大螢幕上的加拿大天空，感受加拿大美景。臨場感十足充滿樂趣。

DATA ~30分
🚇⑤高架列車Waterfront站步行5分
🏠位於加拿大廣場內（→P48）
📞604-620-8455 🕐10～21時
🈚無休 💲C\$19.95

羅布森街周邊 MAP P135-C3 地圖▶正面·E3
溫哥華中央圖書館
Vancouver Public Library
都市中的知性空間
遠離城囂的綠洲

有如羅馬競技場般的圓筒摩登建築是由居住在蒙特婁的以色列裔建築師Moshe Safdie所設計。從1993年開始歷經2年4個月建造而成。9層樓當中有7層樓為圖書館，館內藏書超過130萬冊。各樓層皆設有書桌椅、沙發等，提供一個充滿知性並舒適的空間。還有中庭咖啡廳也十分推薦。

↑曾經出現在電影場景的美麗外景
→中庭設有咖啡廳及禮品店

DATA ~30分
🚇⑤高架列車Vancouver City Centre站步行5分 🏠350 W. Georgia St. 📞604-331-3603 🕐10～21時（週五、六為10～18時，週日為11～18時）🈚國定假日

溫哥華市中心 MAP P134-A4 地圖▶正面·C3
溫哥華博物館 必見
Museum of Vancouver
認識守護港口的螃蟹雕像

介紹溫哥華及原住民歷史的博物館。於原住民展廳中，展示出各部落的面具及以森林中的杉木等製作而成的生活用品等。

DATA 120分
🚇⑪巴士2、22路Cornwall Ave.步行7分 🏠1100 Chestnut St.
📞604-736-4431 🕐10～17時（週四為10～20時）🈚週一 💲C\$15

福溪周邊 MAP P135-D4 地圖▶正面·F3
科學世界
Telus World of Science
於2012年進行大規模翻修

作為1986年世博會的展覽館。透過獨特的展出方式，讓大家從玩樂中認識科學。（→P27）

DATA 30～120分
🚇⑤高架列車Main St-Science World站步行3分 🏠1455 Quebec St.
📞604-443-7440 🕐10～17時（冬季的週末為10～18時）🈚無休 💲C\$22.50，OmniMax 3D影院套裝票券C\$29.50

Emily Carr（1871～1945年）

出身於維多利亞。加拿大最具知名度的女性藝術家。受到阿拉斯加及加拿大原住民的文化薰陶，畫作多以加拿大西海岸風景及原住民部落為主題。於1920年代得到七人畫派Group of Seven的支持，作品受到了極高的評價，並被譽為「加拿大現代主義之母」。Emily Carr的作品除了在溫哥華美術館中展出外，在她維多利亞的故居（→P77）也有對外公開展出。

©Emily Carr, Deep Forest, ca. 1931 oil on canvas Collection of the Vancouver Art Gallery, Emily Carr Trust Photo: Trevor Mills, Vancouver Art Gallery

七人畫派 Group of Seven

由七位加拿大藝術家所組成的藝術團體。於1920年代相當活躍。寂寥的湖水和高山、樸實的農村等，將加拿大的自然景致生動的表現出來，受到極高的評價。J. E. H. MacDonald、Lawren Harris、Franklin Carmichael、Frank Jackston、Arthur Lismer、A.Y. Jackson、Tom Thomson為主要成員。

從市中心開往北溫哥華的海上巴士乘船處位於海港中心旁的Waterfront站。

周邊及近郊

溫哥華市中心周邊有許多公園及植物園等，如史丹利公園。北溫哥華則充滿了可以欣賞到大自然美景的景點，從市中心可以搭乘海上巴士前往，當日來回即可盡享自然盛宴。

溫哥華近郊　**MAP** P133-B4

伊莉莎白女王公園
Queen Elizabeth Park　必見

溫哥華內培育了500種的熱帶植物

將位於高處的採石場改建而成的公園。球形的布魯代爾室內植物園中培育了熱帶植物及200隻鳥類。

DATA
巴士50路Cambie St.x 31st Ave.步行1分鐘　33rd Ave. & Cambie St.　604-873-7000　9～20時（週末為10～20時、冬季為10～17時）　無休　C$6.5（布魯代爾室內植物園）

史丹利公園周邊　**MAP** P141-A3

獅門橋
Lions Gate Bridge　必見

兩隻獅子雕像鎮守橋頭

連接市區到北溫哥華的橋梁，全長1823m。於1938年依照舊金山金門大橋的設計而建造完成。橋頭兩側鎮守的獅子雕像為獅門橋的由來。從史丹利公園北側高61m處的「觀景點」上眺望，可以欣賞到壯觀的獅門橋。

→溫哥華的代表街景之一
→從史丹利公園的健行步道上眺望十分壯觀的獅門橋

DATA
巴士19路終點站步行25分　30分

史丹利公園　**MAP** P133-A1　地圖 正面-D1

史丹利公園
Stanley Park　必見

面積廣大　都市中的綠洲

↑圖騰柱

位於溫哥華市區的西北側，佔地約400公頃，是大安森林公園的16倍大。外圍有一條長10km的自行車道，還有其他多種設施。加拿大規模最大的「溫哥華水族館（P141-B4）」飼育650種以上的海洋生物。「圖騰柱公園（P141-B4）」是最受歡迎的攝影景點。充滿B.C.省原住民傳統文化的圖騰柱聳立在園中。3～10月有觀光馬車於園內行駛（全程約1小時、C$39.99）。（→P23）

↑與其說是公園更像是森林般廣闊的自然綠樹環境
←園內的觀光服務處。可索取公園地圖

DATA
巴士19路終點站　免費入園　●溫哥華水族館　845 Avison Way　604-659-3400　10～17時（週末、假日為9時30分～18時）　無休　C$31

溫哥華起源地
蓋士鎮

1867年由約翰．戴頓於此地開設了一間酒吧，吸引許多伐木工人光臨匯集人潮，而成為這個鎮的起源。並以約翰．戴頓的外號「Gassy Jack（蓋仙傑克）」而命名此地「Gastown」。大街上可以看到蓋仙傑克的雕像。為紀念經歷大火荒廢的煤氣鎮再次振興成為觀光勝地，而在1977年建造於甘比街路口處的蒸汽鐘也為此地地標。每15分鐘便會噴發蒸汽，還有悅耳的音樂聲報時。
MAP P135-D2.
地圖 正面 E-F3

→優美的石板路街道
←發出汽鳴聲的蒸汽鐘

→位於楓樹廣場上的蓋仙傑克雕像

溫哥華近郊　MAP P133-A4

范度森植物園
Van Dusen Botanical Garden 必見

四季花卉爭艷
讓身心療癒的秘密花園

位於市區南側，溫哥華規模最大的庭園。寬闊的佔地面積舖滿四季分明的七彩花卉，和史丹利公園一樣成為市民的心靈綠洲。春天的黃藤花、夏天的玫瑰、秋天的楓葉等，共有900種以上的植物在此生生不息。冬天會有光彩耀人的聖誕節燈飾。園內設有人行步道，可以花點時間慢慢遊逛。

↑四季鮮明的七彩花卉

DATA
🚌巴士17路Van Dusen Botanical Garden步行1分 🏠5251 Oak St. 📞604-257-8335(-8162) 🕐1、12月為10～15時，2、11月為10～16時，3、10月為10～17時，4月為9～19時，5月為9～20時，6～8月為9時～20時30分，9月為10～18時 ⬛無休 💲C\$11 (10～3月為C\$8)

唐人街知名的隱藏版地標，被金氏世界紀錄列為「全世界最窄的商業大樓」的三記號Sam Kee Building。和旁邊的大樓緊密連在一起，記得不要看漏了哦。MAP P139-D3 🏠8 West Pender St.

建造於1913年，1分的寬幅，只有部分5m長

西溫哥華　MAP P132-A3

UBC人類學博物館
UBC Anthropology Museum

展示出世界人類學的資料及文物

1949年於加拿大西部最大的大學英屬哥倫比亞大學(UBC)校園內設立。展示出圖騰柱及當地原住民的藝術品等，收藏了約53萬5000件民族學、考古學文物。收藏品大多以B.C.省西北沿岸的原住民文物為主。博物館由加拿大籍建築師Arthur Erickson所設計。校園內可搭乘小巴C20路來移動。

↑被評選為2011年加拿大最佳建築之一
→不要錯過了紀念品商店及咖啡廳

DATA
🚌巴士C18、44路UBC步行2分 🏠6393 N.W. Marine Dr. 📞604-822-5087 🕐10～17時(週二為10～21時) ⬛冬季的週一 💲C\$16.75

北溫哥華　MAP P132-B1

卡皮拉諾吊橋
Capilano Suspension Bridge 必見

充滿魄力及樂趣的吊橋

於1889年建造，為溫哥華最具歷史的景點。全長137m、離地70m高的吊橋。可於市區搭乘免費接駁巴士前往。

DATA
🚌巴士236路 Capilano Suspension步行1分 🏠3735 Capilano Rd.,N. Vancouver 📞604-985-7474 🕐8時30分～20時(冬季為9～17時、視時期而異) ⬛無休 💲C\$37.95

北溫哥華　MAP P132-B1

卡皮拉諾鮭魚人工養殖場
Capilano Salmon Hatchery

欣賞為產卵溯河而上的鮭魚群

建造卡皮拉諾河水庫時，因為妨礙到鮭魚迴游產卵，因此特地建造的人工養殖場。可以參觀鮭魚放流的過程。

DATA
🚌巴士236路Capilano Salmon Hatchery步行1分 🏠4500 Capilano Park Rd., N.Vancouver 📞604-666-1790 🕐8～20時(11～3月為8～16時、視時期而異) ⬛無休 💲免費參觀

北溫哥華　MAP P132-B1

松雞山
Grouse Mountain 必見

巍然聳立在
北溫哥華

標高約1250m溫哥華的第一高山。搭乘100人坐的空中纜車，約10分鐘即可抵達山頂。從「峰頂山莊 Peak Chalet」的觀景台可以將溫哥華市區街景盡收眼底。並設有餐廳，可以一邊用餐一邊欣賞美景。夏季可以登山健行、觀賞特殊表演，冬季可以來滑雪或玩滑雪板，充滿各種戶外活動的樂趣。

↑一眼望盡布勒內灣及溫哥華市區
→搭乘空中纜車前往山頂

DATA
🚌巴士236路終點站 🏠6400 Nancy Greene Way, N.Vancouver 📞604-980-9311 🕐8時45分～22時 ⬛無休 💲來回票價C\$43.95 (Skyride纜車)

卡路街東側的唐人街治安較差，應避免於夜間前往。

✤ Groumet

美食

被河川和海灣環繞的溫哥華，
怎麼可以錯過這裡的海鮮呢？
特別是鮭魚和生蠔是極品啊！
還有豐富的異國菜色可以選擇。

還有特集也要 Check!
耶魯鎮美食…P24
地產地消的美味餐廳…P30
固蘭湖島…P28

Advice

●點餐
就坐後先點飲料。在等待飲料上來之前，決定好要點的菜色，等飲料上桌，就可以進行點餐。每一桌會有一位專門負責的服務員，需要加點的時候請找負責的服務員點餐。

●結帳
於餐廳結帳通常都在桌邊買單。向專屬服務員說「Check, please」，服務員便會拿帳單過來。一般而言使用信用卡付款時，刷卡金額會包含小費。有關小費的詳細說明請參閱→P124

海鮮餐點

✤

來訪溫哥華一定要吃一次的就是海鮮餐點。在很多餐廳都可以品嘗到鄰近海域現補的螃蟹及生蠔，盡享海鮮的新鮮及美味。在地段良好的餐廳用餐，可以同時享受美景及美食。

羅布森街　MAP P136-A2

Cardero's

於內灣享用
休閒舒適的海軍風味

以和英國探險家George Vancouver船長一起出航的測量師Joseph Cardero的名字來命名。喜歡海洋的人來到這裡一定會愛上。店內氣氛舒適輕鬆，不過一開店就擠滿了上流社會的上班族及熟客們。是一間超人氣餐廳。併設的海軍酒吧一直熱鬧到深夜。

↑海軍酒吧曾經出現在電影場景中
→非常美麗的內灣景色

DATA
🚇🚌巴士19路W. Gerogia St.步行3分
🏠1583 Coal Harbour Quay
📞604-669-7666　🕐11時30分～24時
🈺無休　💰🍴C$20～🍷C$40～

羅布森街　MAP P137-C3

Joe Fortes

超人氣生蠔吧

提供美國及加拿大產生蠔共13種C$2.60～的生蠔吧非常有名。還有提供知名的Trio of Fresh Fish特餐。

DATA
🚇🚉高架列車Burrard站步行5分
🏠777 Thurlow St.　📞604-669-1940
🕐11～23時（週末早午餐提供到15時30分）　🈺無休　💰🍴C$25～🍷C$50～

英吉利灣　MAP P134-A2

The Boathouse

不管是景色還是菜色都大大滿足

擁有一流景觀的餐廳。檸檬牛油螃蟹BBQ和添加芥末的各種菜色等，全都分量十足。其他各式甜點也十分推薦。
（→P23）

DATA
🚇🚌巴士5路Davie St.步行2分
🏠1795 Beach Ave.　📞604-669-2225
🕐11～23時（週五、六為11～24時）
🈺無休　💰🍴C$15～🍷C$30～

羅布森街周邊　MAP P137-C3

Coast

摩登時尚的氛圍充滿魅力

提供B.C.省產的生蠔及各種新鮮海鮮，可以品嘗到將食材原來的美味發揮出來的正統派菜色。

DATA
🚇🚉高架列車Burrard站步行5分　🏠8901 Stanley Park Dr.　📞604-681-7275　🕐11時30分～翌日1時（週五11時30分～翌日2時、週六為14時30分～翌日2時、週日為14時30分～翌日1時）
🈺無休　💰🍴C$20～🍷C$50～

🍽需事先訂位　👔有著裝規定

固蘭湖島 MAP P140-A3 地圖▶正面·B5

Bridges

浪漫的日落美景
是最奢侈的享受

位於最有人氣的濱海區固蘭湖島上，面對海灣的風景非常美麗。特別是晚餐時光的對岸夜景十分浪漫。4～10月會開放露天座位區，可以感受到夏季微風和開闊空間感。提供B.C.省產鮭魚及新斯科細亞省產龍蝦等各種海鮮餐點。

↑只於夏季開放的300個露天座位
→鮮豔的黃色外觀

DATA
🚌地巴士50路W. 2nd Ave. x Anderson St.步行5分　📍1696 Duranleau St.
📞604-687-4400　🕐小酒館為11時～21時、餐廳為17時30分～21時、酒吧為11時～翌日1時　休無休　💰午C$20～／晚C$45～

耶魯鎮 MAP P140-B1

Blue Water Cafe

有名的高級海鮮餐廳

主廚Frank Pabst為加拿大海鮮餐點的第一把交椅。海鮮塔（2層）C$89～是招牌菜。另設有壽司吧（→P24）

DATA
🚌地高架列車Yaletown-Roundhouse站步行3分　📍1095 Hamilton St.
📞604-688-8078
🕐17～23時(酒吧為17時～翌日1時)　休無休　💰晚C$50～

法國菜＆
義大利菜

❖

溫哥華也有很多法國菜、義大利菜餐廳。有想好好打扮一番前往用餐的正式餐廳，也有可以輕鬆走入的休閒餐館，選擇豐富，應有盡有。根據不同季節，還可以享用到加拿大當地的法式野味。

羅布森街 MAP P136-B3

CinCin

廚師們在開放式廚房
大展身手

「CinCin」是義大利文「乾杯」的意思。如同店名一樣，讓客人在居家舒適的氣氛下享用美食。提供道地義大利菜，店內窯爐現烤的比薩皮薄酥脆。帕爾馬火腿玉米比薩是招牌菜。義大利麵也有提供豐富選擇。不使用冷凍食材，只使用當季新鮮食材。

↑牆上排放各種知名的葡萄酒
→可以先來酒吧喝一杯邊等座位

DATA

🚌地巴士5路Roboson St. x Thurlow St.步行2分　📍1154 Robson St.　📞604-688-7338　🕐16時30分～23時　休無休
💰晚C$25～

蓋士鎮 MAP P139-C2

Jules Bistro

輕鬆舒適的享用
日本大廚的法國菜

位於蓋士鎮正中心。雅緻的店內營造出優雅的氛圍。可以輕鬆舒適的品嘗到野村大廚的道地法國菜。午餐提供每日推薦義大利麵C$16，及淡菜搭配薯條套餐等。晚餐提供肋眼牛排C$26（8盎司）、油封鴨肉C$23.50等。三道料理全餐午餐為C$30、晚餐為C$33。晚上前往用餐需事先預約。

↑優雅舒適的店內讓人放鬆
→亞伯達牛肋眼牛排是本店的招牌菜

DATA
🚌地高架列車Waterfront站步行7分
📍216 Abbott St.　📞604-669-0033
🕐11時30分～22時　休10～4月的週一
💰午C$20～／晚C$45～

羅布森街周邊 MAP P137-D1

Copper Chimney

印度風的西海岸菜

「印度烤雞肉醬薯條」C$10等薯條菜色非常受歡迎。平日15～18時及週末的17～19時，餐廳上述品項皆半價。

DATA
🚌地高架列車Burrard站步行2分
📍567 Hornby St.　📞604-689-8862
🕐6時30分～22時（週末為7～12時、17～22時）
休無休　💰午C$15～／晚C$30～

不要忘記給小費哦！可以常備一些零錢在身上，需要時就不用慌張啦

羅布森街　MAP P136-B3

Zefferelli's Spaghetti Joint

Zagat餐廳評鑑上有著高評價的休閒義大利餐廳

位於羅布森街上的大樓2樓。添加當季食材的義大利麵分量十足。也有提供小分量餐點,可以根據人數進行點餐。前菜也有豐富選擇,沙拉約為C$8左右,含有大量蔬菜,並附上鬆軟的麵包搭配蕃茄醬。服務生都非常親切,可以向服務生詢問葡萄酒的搭配等意見。

↑鮭魚筆管麵C$13.50(小照)為咖哩口味
→入口較不顯眼,要找一下

DATA
🚇🚌巴士5路Robson St. x Thurlow St.步行1分　🏠1136 Robson St.　📞604-687-0655　🕐11時30分～23時(週六為17～23時、 週日為17～22時)　休無休　💰🍴C$15～/🍷C$20～

蓋士鎮　MAP P139-C2

The Old Spaghetti Factory

起司狂熱者的天堂

獲得加拿大雜誌等媒體肯定的知名餐廳。添加加拿大稀有的希臘起司Mizithra Cheese製作的義大利麵是必吃菜色。

DATA
🚇🚌巴士50路Water St.步行2分　🏠53 Water St.　📞604-684-1288　🕐11～22時(週五、六為11～23時、週日為11～21時30分)　休無休　💰🍴C$10～/🍷C$15～

蓋士鎮　MAP P138-B3

Al Porto

托斯卡尼的純樸美味配上喜歡的葡萄酒一起享用

位於蓋士鎮的義大利菜,托斯卡尼風味義大利麵及窯烤比薩都非常推薦。加入義大利香腸的微辛辣義大利麵、擁有四種口味的四季比薩C$18.95等都相當受歡迎。葡萄酒種類豐富,義大利、澳洲、法國、加州、B.C.省各產地的都有提供。

↑適合搭配葡萄酒的前菜C$15.95(2人份)
→低調典雅的紅磚牆店內

DATA
🚇🚊高架列車Waterfront站步行3分　🏠321 Water St.　📞604-683-8376　🕐11時30分～22時30分(週末為16時30分～22時30分、視時期而異)　休無休　💰🍴C$15～/🍷C$25～

溫哥華市中心　MAP P134-B3

La Brasserie

優質服務及菜色廣受好評

推別推薦每2～3週會更換菜單的特餐——使用頂級肋眼及小羊頰肉烹調而成的特餐C$25。也有提供德國、法國啤酒。

DATA
🚇🚌巴士6路Davie St.步行1分　🏠1091 Davie St.　📞778-379-5400　🕐17時～22時30分　休無休　💰🍴🍷C$30～

耶魯鎮　MAP P140-B2

Provence Marinaside

來耶魯鎮品嘗南法傳統菜色的感動

提供南法普羅旺斯地方風味的海鮮菜色。牆上掛有大幅畫作,海風吹進店裡,營造出華麗又開放的氣氛。提供一般料理一半份量的「Bite Menu」很受歡迎,午餐C$6～7、晚餐C$12～13的實惠價格,可以一次享用多樣美味菜色。使用豐富海鮮費時燉煮的馬賽魚湯C$32及早餐提供的法式烤乳酪火腿三明治C$15都十分推薦。

↑讓人吃驚的豐富菜單
→陽光灑進明亮的店裡

DATA
🚇🚊高架列車Yaletown-Roundhouse站步行3分　🏠1177 Marinaside Crescent　📞604-681-4144　🕐8時～22時30分(週五為8～23時、週六為9～23時、週日為9時～22時30分)　休無休　💰🍴C$20～/🍷C$40～

南固蘭湖　MAP P133-A3

Salade de Fruits Cafe

受到當地人喜愛的人氣餐廳

位於僻靜巷弄的休閒法式餐廳。菜單為法文,不過服務生會以英文說明介紹。只能付現,不能刷卡。

DATA
🚇🚌巴士10路Granville St. x 7th Ave.步行1分　🏠1555 W. 7th Ave.　📞604-714-5987　🕐11時～14時30分(週六為10時～14時30分)、17～22時　週日、一　💰🍴C$15～/🍷C$25～

西海岸菜色

使用新鮮海鮮和有機蔬菜等豐富食材，以西餐為基底搭配亞洲風味的創作料理，營造西海岸的風味。因高雅的調味而受到矚目，成為溫哥華代表美食。

羅布森街　**MAP** P136-B3

Milestone's

老字號休閒餐廳

1989年開業，以實惠價格提供美味菜色而備受當地人喜愛。中午的歐姆蛋、班尼迪克蛋及晚上的牛排及肋眼都非常推薦。

DATA
🚇Ⓢ高架列車Burrard站步行7分　🏠1145 Robson St.　☎604-682-4477　🕐11～23時（週五為11～24時、週六為10～24時、週日為10～23時）　🈺無休　💰午C$20～晚C$45～

羅布森街周邊　**MAP** P137-D2

Hy's Steakhouse

傳統風味的頂級肋眼為必吃菜色

裝潢簡約，氣氛優雅的一間餐廳。本店的頂級肋眼C$44.95被譽為溫哥華最高等級的美味。

DATA
🚇Ⓢ高架列車Burrard站步行2分　🏠637 Hornby St.　☎604-683-7671　🕐11時30分～15時、17時30分～22時（週五、六為17時～22時30分）　🈺無休　💰午C$20～晚C$60～

羅布森街周邊　**MAP** P137-C3

Keg

來到時尚餐廳享用牛排

搬家到大樓2樓的老字號牛排館。嚴選頂級沙朗牛排C$33～（240g）等。設有交誼廳。週末用餐建議事先預約。

DATA
🚇Ⓢ高架列車Burrard站步行5分　🏠1121 Alberni St.　☎604-685-4388　🕐11時30分～15時、16～23時　🈺週末中午　💰午C$20～晚C$40～

蓋士鎮　**MAP** P139-C4

Chambar

度過一個時尚之夜

店內另設有吧檯區，充滿時尚感。特別推薦酥炸淡菜C$27等。提供豐富啤酒、調酒及葡萄酒選擇。

DATA
🚇Ⓢ高架列車Stadium-Chinatown站步行1分　🏠568 Beatty St.　☎604-879-7119　🕐8～24時　🈺無休　💰晚C$40～

登曼街　**MAP** P134-A1

Olympia

適合亞洲人的胃口

提供茄子、絞肉、馬鈴薯、起司層層疊起的希臘茄盒C$15.25等代表希臘的美食，店內營造出居家舒適的環境。可以搭配上希臘的葡萄酒一起享用。

DATA
🚇Ⓑ巴士5、N6路Denman St.步行1分　🏠998 Denman St.　☎604-688-8333　🕐11～23時30分　🈺無休　💰午C$10～晚C$15～

固蘭湖島　**MAP** P140-B3 地圖▶正面-B5

The Sandbar

於固蘭湖橋下享用充滿活力的菜色

位於固蘭湖橋下的餐廳。使用當地新鮮海鮮的活力菜色很受歡迎。鮭魚排漢堡C$16及特製蛤蜊巧達濃湯C$6皆以實惠的價格提供，非常推薦。牛排及肋排等肉類菜色也十分美味。店內以木材搭建出開闊的空間感，還有一艘漁船懸吊在天花板下方。可以一眼望穿橋底的玻璃窗外，有著獨特的景色。

悠閒欣賞海灣景致
➡懸吊著大漁船的2樓店內

DATA
🚇Ⓑ巴士50路W. 2nd Ave. x Anderson St.步行5分　🏠1535 Johnston St.　☎604-669-9030　🕐11時30分～22時（週五、週六為11時30分～23時30分）　🈺無休　💰午C$20～晚C$35～

史丹利公園　**MAP** P141-A4 地圖▶正面-C1

Tea House in Stanley Park

度過優雅的時光

位於史丹利公園西側海岸高地的餐廳，可以欣賞絕佳景色配上美味的海鮮及牛排等菜色。

DATA
🚇Ⓑ巴士19路終點站搭車前往車程8分　🏠Ferguson Point　☎604-669-3281　🕐11時30分～22時（週末為10時30分～22時）　🈺無休　💰午C$25～晚C$45～

🎵大部分餐廳不需要事先預約。如果想要享受美景，還是建議事先預約座位。

美食

異國料理

❖

溫哥華充滿了從世界各地前來的移居者。以羅布森街及登曼街為中心，除了有日本料理，也隨處可見異國料理餐廳。嘗試看看各國料理，感受一下環遊世界的感覺吧！

羅布森街　 MAP P136-B3

A Taste of India

品嘗北印度菜的原始風味

位於羅布森街上，25年來人氣屹立不搖的印度餐廳。充滿平價親民的氣氛，毫不馬虎的味道，喜愛吃辣的人一定一試成主顧。店內擺放出很多香料，從視覺、嗅覺上都刺激著食慾。在料理上使用超過60種以上的香料。最受歡迎的是牛油雞肉咖哩C$15.99。香料菠菜起司C$14.99也十分推薦。

↑香味四溢的印度烤雞，香味和辣味形成絕佳美味
→羅布森店2樓的餐廳

DATA
🚌Ⓑ巴士5路Robson St. x Bute St.步行1分 🏠1282 Robson St. 📞604-682-3894 🕐11時～23時30分(週五、週六為11～24時) 🈺無休 💰C$10～晚C$20～

羅布森街周邊　 MAP P136-B2

Aki Japanese Restaurant

溫哥華第一的老字號日本料理

於1963年開業，是溫哥華歷史最悠久的日本料理。位於高豪港西側的僻靜巷弄中，店內為咖啡色系，營造出沉穩的氛圍。除了壽司之外，還提供使用芋頭、豆腐製作的家常菜等豐富菜單。另售有味噌烤銀鱈C$12.50等定食。

→綜合握壽司C$15.95

↑充滿老店風味

DATA
🚌Ⓢ高架列車Burrard站步行7分 🏠1368 W. Pender St. 📞604-682-4032 🕐11時30分～14時、17時30分～21時 🈺週六中午、週日 💰C$10～晚C$40～

登曼街　 MAP P134-A2

Espana

西班牙小酒館

很受歡迎的西班牙下酒菜小酒館。辣醬馬鈴薯C$10及各種西班牙燉飯約C$40左右等，提供豐富道地西班牙菜。啤酒和葡萄酒皆由西班牙進口。

DATA
🚌Ⓑ巴士5、6路Denman St. x Pendrell St.步行1分 🏠1118 Denman St. 📞604-558-4040 🕐17時～翌日1時 🈺國定假日 💰C$10～

蓋士鎮　 MAP P138-B3

La Taqureia

親切的服務也是充滿人氣的秘密

提供廣受好評的墨西哥街邊小吃。提供使用有機牛肉的牛頰肉墨西哥捲餅C$3等。狹小的店內只提供15個座位，建議可以選擇外帶。

DATA
🚌Ⓢ高架列車Waterfront站步行6分 🏠322 West Hastings St. 📞604-568-4406 🕐11～17時 🈺週日 💰C$10以內

羅布森街周邊　 MAP P137-D2

Joyeaux Cafe & Restaurant

商業區的越南菜

海鮮、牛肉等種類豐富的越南湯河粉C$8.50最受歡迎。午餐時間總是客滿，可以錯開顛峰時間前往，或是選擇外帶。

DATA
🚌Ⓢ高架列車Burrard站或Granville站步行3分 🏠551 Howe St. 📞604-681-9168 🕐7～21時(週末為8～20時) 🈺無休 💰C$10～

羅布森街周邊　 MAP P136-B3

Pink Elephant Thai

2011年開業的泰國菜

以粉紅色為基調的明亮店內。特別推薦辛辣調味恰到好處的馬莎蔓咖哩C$15。提供種類豐富的餐點選擇。

DATA
🚌Ⓢ高架列車Burrard站步行6分 🏠1152 Alberni St. 📞604-646-8899 🕐11時30分～22時(週五、六為12～22時) 🈺無休 💰C$10～晚C$20～

🍴需事先訂位　👔有著裝規定

漢記
Hon's on Robson

平價的中國菜館

寬廣的店內，設有開放式廚房。輕鬆舒適的空間，提供種類豐富的菜色，十分受歡迎。菜色分量十足，建議可以分食共享。

DATA
🚇🚌巴士5路Robson St. X Bute St.步行2分　🏠1339 Robson St.　📞604-685-0871　🕐11～23時（週五、六營業到凌晨）　🈳無休　💰🌅C$10～🌙C$20～

麒麟
Kirin Mandarin Restaurant

提供自豪的新鮮海鮮餐點高級中國餐廳

當地華人也相當喜愛的北京餐館。菜色為清爽的中國北方口味。於桌邊片鴨的北京烤鴨整隻C$44.80（半隻C$27.80）、燕窩C$85起、活龍蝦（時價）等皆為招牌菜。龍蝦可選擇焗烤或香辣等各種各樣的調理方式。豪華繽紛的擺盤也是注目的焦點。午餐時段有提供港式飲茶。

↑富麗堂皇的店內
➡推薦龍蝦料理

DATA
🚇🚌高架列車Burrard站步行5分　🏠1172 Alberni St.　📞604-682-8833　🕐11時～14時30分（週末為10時～14時30分）、17時～22時30分　🈳無休　💰🌅C$10～🌙C$25～

Ukrainian Village Restaurant

由整個家族經營的家常餐廳

以烏克蘭菜為主的東歐餐廳。吸引許多想要體驗異國情調的觀光客前來。皮羅什基麵包C$8.95及烘肉卷C$14.95、俄式酸奶牛肉C$17.45等很受歡迎。

DATA
🚇🚌巴士5路Haro St.步行1分　🏠815 Denman St.　📞604-687-7440　🕐12～22時（週一為17～22時）　🈳無休　💰🌅C$10～🌙C$15～

Falafel King

超人氣的雞肉沙威馬

店內香味四溢的道地黎巴嫩菜餐廳。以平實的價格提供美味的餐點，相當受到當地人喜愛。有提供外帶。

DATA
🚇🚌巴士5路Denman St.步行1分　🏠1110 Denman St.　📞604-669-7278　🕐9～22時　🈳無休　💰🌅🌙C$15～

Kingyo

流行時尚的創作料理居酒屋

擁有許多當地熟客的人氣餐廳。日式裝潢充滿沈穩時尚的氛圍。特別推薦生魚片沙拉C$11.80及特製味噌烤豬五花C$7.80等。

DATA
🚇🚌巴士5路Denman St.步行1分　🏠871 Denman St.　📞604-608-1677　🕐11時30分～15時、17時30分～23時30分（週五、六為17時30分～翌日1時）　🈳國定假日　💰🌅C$10～🌙C$20～

咖啡廳

❖

溫哥華的咖啡廳也是種類相當豐富，有提供鬆餅、漢堡等輕食的咖啡館、也有單賣咖啡的專門店、還有販售加拿大楓糖點心的咖啡廳等。逛累了不妨來到咖啡廳休息一下。

D'oro Gelato e Caffe

總是大排長龍香濃滑順的義式冰淇淋

除了香蕉、覆盆子、草莓等水果風味以外，還有其他許許多多的口味。隨著季節變動各有不同的口味登場，種類高達35種以上，每次造訪都讓人難以選擇。一排列五顏六色的義大利冰淇淋陳列得相當精美，賞心悅目。可以選擇甜筒或杯裝，單球或雙球。天氣晴朗時不妨在戶外座位享用。

↑冬天的生意也非常好
➡每一種口味看起來都好好吃，讓人難以抉擇

DATA
🚇🚌巴士5路Robson St.步行1分　🏠1222 Robson St.　📞604-694-0108　🕐7～23時（冬季為7～22時）　🈳無休　💰🌅🌙C$3.75～

美食

羅布森街周邊 MAP P136-B3

JJ Bean

早晨開始營業的咖啡廳

受到溫哥華雜誌評選為「Best Coffee Shop Chain」。炭燒咖啡（S）C\$1.90起。大片落地窗營造出舒適、輕鬆的空間。包含溫哥華市外，共有18間分店。

DATA
🚇Ⓢ高架列車Burrard站步行5分
🏠1188 Alberni St. 📞604-254-3724
🕐6～21時（週末為7～21時）
🈚無休 💴☕C\$1.90～

耶魯鎮 MAP P140-A1

The Elbow Room Cafe

從早上就開始大排長龍的人氣店

只提供早餐及午餐，超大份量的美式煎餅及19種口味的歐姆蛋擁有眾多粉絲，總是門庭若市。因為擁有許多電影工作者的常客而更加出名。

DATA
🚇Ⓢ高架列車Yaletown-Roundhouse站步行4分 🏠560 Davie St.
📞604-685-3628 🕐9～16時（週末為8時～16時）🈚無休 💴☕C\$10～

耶魯鎮 MAP P135-C3

Buzz Café & Espresso Bar

讓人沈浸在藝術中的咖啡館

位於「Harrison Gallery」畫廊中，充滿沈靜藝術氛圍。展出的作品也有提供販售。薰衣草拿鐵C\$4.20。

DATA
🚇Ⓢ高架列車Yaletown-Roundhouse站步行8分 🏠901 Homer St. 📞604-732-9029 🕐7～18時（週六為8～17時、週日為9～17時）🈚無休 💴☕C\$10以內

蓋士鎮 MAP P139-C2

Smart Mouth Cafe

散步途中順道來一杯

位於蓋士鎮的咖啡廳。可以品嘗到100%精選阿拉比卡咖啡豆沖泡成的咖啡。店內展出的藝術品也有提供販售，營造出如同藝廊般的氛圍。

DATA
🚇Ⓑ巴士5路Water St.步行1分
🏠117-131 Water St.
📞604-569-1480 🕐6～18時
🈚無休 💴☕C\$3～

羅布森街周邊 MAP P137-C3

Thierry

甜食愛好者的天堂！

由甜點資歷25年的法國籍甜點師傅Thierry 所經營的咖啡廳。全手工製作巧克力、蛋糕、餅乾等為其招牌。其中最受歡迎的是馬卡龍C\$2.30。卡布其諾咖啡C\$3.25。

DATA
🚇Ⓢ高架列車Burrard站步行4分
🏠1059 Alberni St. 📞604-608-6870 🕐7時～凌晨（週五、六為8時～凌晨）🈚無休

基斯蘭奴 MAP P141-A2

49th Parallel Coffee

自家烘焙咖啡配上甜甜圈

使用精選有機生豆烘焙的炭燒咖啡受到極高的評價。於店內手工現做的甜甜圈C\$2.50～也很受歡迎。義式濃縮咖啡C\$2.75、卡布其諾咖啡C\$3等。
（→P26）

DATA
🚇阿標特斯街路口步行2分
🏠2198 W. 4th Ave.
📞604-420-4901 🕐7～19時（週五、六為7～20時）🈚無休

基斯蘭奴 MAP P141-B2

Sophie's Cosmic Café

坐上時光機回到60年代

讓當地男女老少都前來排隊的超人氣咖啡廳。一整面牆都掛滿60年代的照片及裝飾，營造出美式餐廳的氣氛。讓人彷彿身在《美國風情畫》的電影場景中。店內的復古裝潢還曾獲得獎賞肯定。提供漢堡、鬆餅、蘋果派等美式餐點。特別推薦讓人懷念的奶昔C\$6.50。

➡ 從中庭可一覽美麗的海景

⬆ 巨大的刀叉很好認

DATA
🚇Ⓑ巴士4、7、44、84路 W. 4th Ave. x Arbutus St.步行1分 🏠2095 W. 4th Ave. 📞604-732-6810 🕐8～20時（週一為8時～14時30分）🈚無休 💴☕C\$15起

邊走邊吃可麗餅

可麗餅香味四溢的「Café Crepe」最適合稍作休息時品嘗。也可以外帶邊走邊享用。另有販售熱狗及霜淇淋等。

🚇羅布森廣場步行3分 🏠1032 Robson St. 📞604-488-0045 🕐7～23時（週五、六為7～24時）🈚無休 MAP P137-C3

C\$4.95起 各種口味的可麗餅

Bar&Pub

加拿大的啤酒種類相當豐富。來到溫哥華一定要品嘗看看當地特製精釀啤酒。當然還有葡萄酒及調酒等各種酒類。溫哥華有許多如飯店附設酒吧等，觀光客也能安心前往的Bar&Pub。

灣區　MAP P136-B1

The Mill Marine Bistro

坐在中庭品嘗精釀啤酒

正對高豪港，充滿開闊感的Pub。精釀啤酒杯裝C$6～。另提供比薩C$14起、白酒淡菜C$18等，不妨搭配啤酒一起享用。

DATA
🚇Ⓢ高架列車Burrard站步行7分
🏠1199 W. Cordova St.
📞604-687-6455　🕐11～24時
休無休　💰🍺C$15～🍷C$25起

蓋士鎮　MAP P138-B3

Steamworks

季節限定的精釀啤酒

可品嘗到包含黑啤酒在內等的數種自製啤酒。口味會隨季節而異，提供的都是較少泡沫的啤酒，風味較接近精釀啤酒。

DATA
🚇Ⓢ高架列車Waterfront站步行3分
🏠375 Water St.
📞604-689-2739
🕐11時30分～24時(週五、六為11時30分～翌日1時)休無休　💰🍺C$15～🍷C$25起

灣區　MAP P138-A3

TC Lions Pub

充滿成人的氛圍

位於HThe Fairmont Waterfront飯店(→P69)內，充滿正統英國風情的Pub。提供炸魚薯條C$14及國內外的知名啤酒。

DATA
🚇Ⓢ高架列車Waterfront站步行3分
🏠888 W.Cordova St.　📞604-488-8602
🕐11～24時(週六為12時～24時、週日為12時～22時)　休固定假日　💰🍺🍷C$30起

登曼街　MAP P134-A1

The Dover Arms Pub

活力十足的運動酒吧

有10台以上的電視播放曲棍球賽或足球賽等轉播，是家可在此觀賞體育賽事的運動酒吧。特選菜單會每天更換菜色。

DATA
🚇Ⓑ巴士5路Denman St. x Barclay St.步行1分　🏠961 Denman St.
📞604-683-1929
🕐10時～翌日2時(週五、六為10時～翌日3時)　休無休　💰🍺C$12～🍷C$25起

溫哥華市中心　MAP P137-D4

Doolin's Irish Pub

現場演出與美食的完美搭配

彷彿從愛爾蘭直接空運過來的店內空間。晚上都會有現場演出，熱鬧非凡。根據演出節目不同，有時會酌收服務費。

DATA
🚇Ⓢ高架列車Vancouver City Center站步行6分　🏠654 Nelson St.　📞604-605-4343　🕐11時30分～翌日2時　休無休　💰🍺🍷C$25起

溫哥華市中心　MAP P135-C3

Shark Club

受到運動愛好者的歡迎

位於曲棍球及美式足球的球場附近，比賽結束後總是擠滿人潮的超人氣運動酒吧。店內寬敞明亮，氣氛很好。

DATA
🚇Ⓢ高架列車Stadium-Chinatown站步行4分　🕐11時30分～翌日1時(週五、週六為11時30分～翌日2時)　休無休　💰🍺🍷C$15起
📞604-687-4275

固蘭湖島　MAP P140-A4　地圖▶正面-B6

The Cat's Social House

每日推薦菜單為其一大魅力

每日推薦菜單十分優惠。添加大溪地鮪魚片的健康綜合沙拉盤C$15.95為其招牌菜。各式調酒C$5～。

DATA
🚇Ⓑ巴士50路W. 2nd Ave. x Anderson St.步行4分　🏠1540 Old Bridge St.　📞604-647-2287
🕐11～24時(週末為10時～24時)
休無休　💰🍺C$15～🍷C$20起

固蘭湖島　MAP P140-B3　地圖▶正面-B5

The Backstage Lounge

每天晚上都聚滿年輕人

店內都是單手拿著酒精飲料的年輕人，有時候生意好到連坐的位子都沒有。除了酒類飲料外，也有提供輕食餐點。

DATA
🚇Ⓑ巴士50路W. 2nd Ave. x Anderson St.步行5分　🏠1585 JohnstonSt.　📞604-687-1354　🕐12時～翌日2時(週日為12時～24時)　休無休　💰🍺🍷C$15～(20時以後會收取入場費C$6～12。視不同活動而異)

有一些Bar & Pub有附設商店。喝到喜歡的酒類可以直接於店內購買。

✦ Shopping

購物

從高級品牌到可愛的生活雜貨，
溫哥華的購物選擇也十分豐富。
目前在台灣還難以買到的加拿大品牌，
千萬不要錯過！

特集也要 Check!
羅布森街…P20
必買伴手禮…P32
戶外用品、運動用品…P34

Advice

●尺寸大小及退換貨

加拿大的尺寸標示和台灣不同，購買前建議先試穿。於暢貨中心或二手店等購買前，可以先仔細檢查有沒有瑕疵等問題。通常商品購買後都不提供退換貨。

●結帳

大部分店家都可以刷卡，所以不需要放太多現金在身上。於溫哥華購物時，根據商品種類會被加上5%的商品稅及7%的省銷售稅。

購物商場 &百貨公司

溫哥華市中心最知名的大型購物商場就屬「太平洋購物中心 Pacific Centre」。還有匯集了高級精品的百貨等。每一間都非常適合時間有限的觀光客。盡情痛快地享受購物樂趣吧！

羅布森街周邊　MAP P137-D2

太平洋購物中心
Pacific Centre

設有美食廣場的
超大購物商場

位於市區中心部，佔地有兩個街口大的大型購物商場。匯集100間以上的店家，與The Bay連接在一起，光是在這裡就幾乎可以把需要的東西都買齊。店內空間相當大，最好事先對照地圖，大致地掌握住要前往的品牌位置後再前往，地下的大型美食廣場匯集了各國美食。（→P21）

↑位於喬治亞街的入口處設有夏季限定的服務處
→方便美味的美食廣場

DATA
🚇⑤高架列車Granville站步行1分
🏠701 W. Georgia St. 📞604-688-7235
🕐10～19時（週三～五為10時～21時、週日為11時～18時）　無休

羅布森街周邊　MAP P137-D2

The Bay

加拿大的老字號百貨公司

1樓為M·A·C大型店面及CLINIQUE等化妝品牌。服飾精品則是匯集了休閒服飾品牌。另有推出The Bay的原創品牌。

DATA
🚇⑤直通高架列車Granville站
🏠674 Granville St.
📞604-681-6244　🕐9時30分～21時
（週日為11～19時）
無休

灣區　MAP P138-A3

Sinclair Centre

歷史悠久的建築
高級精品百貨

位於固蘭湖街和孝街交叉路口上的優雅巴洛克建築，就是Sinclair Centre。此處曾經是溫華市內的第一間郵局，1986年重新改裝為有高級品牌入駐的百貨公司，佔去了1樓一大半面積的高級精品選貨店「Leone」裡，集結了Versace等義大利精品。

↑地下美食街有提供早餐
→半圓形時鐘塔非常顯眼

DATA
🚇⑤高架列車Waterfront站步行4分
🏠757 W.Hastings St. 📞604-488-0672
（Leone為📞604-683-1133）🕐10～17時30分（視店鋪而異）　週日

Holt Renfrew
匯集所有高級品牌的百貨公司

從GUCCI、PRADA等高級精品到最新潮流，全都匯集在這裡。香水專櫃的品牌也非常齊全，販售50種以上的品牌香水。

DATA
高架列車Granville站步行1分 737 Dunsmuir St. 位於太平洋購物中心 Pacific Centre內 604-681-3121 10～19時（週三～五為10～21時、週六為10～20時、週日為11～19時） 無休

Park Royal
2013年開始進行全新設計裝修

超市、精品店、餐廳等約有280間店家進駐，匯集在商場三個區域。目前還在持續翻新裝修中。

DATA
巴士250、252、257路Marine Dr. x Park Royal North步行2分 2002 Park Royal South, W. Vancouver 604-922-3211 10～21時（週一～二為10～19時、週六為9時30分～18時、週日為11～18時） 無休

近郊的大型購物中心

「Metropolis at Metrotown」為B.C.省規模最大的購物中心。內有各種豐富多樣的設施，總是充滿人潮。

高架列車Metro Town站步行1分 4700 Kingsway, Bumaby 604-438-4715 10～21時（週日、假日為11～19時） 無休 MAP P132-B3 正面-F2

好逛街 適合安排一整天好

加拿大品牌

加拿大品牌基本上還是以運動服飾、瑜珈服、美妝品等充滿加拿大特色的商品為主。匯集所有連當地人也推薦的優質商品。還有一些沒有進口到台灣的商品，也千萬不要錯過！

Roots
以海貍LOGO為人所知
受到加拿大人喜愛的品牌

加拿大的代表品牌，因成為奧運代表隊服而廣為人知。雅典奧運時也成為美國隊的代表隊服。以後背包、皮鞋、外套等皮革製品為主，也有販售手錶等配飾。印有LOGO的運動服C$74及T-shirt C$32～，很適合作為伴手禮。在附近的羅布森街上有童裝專賣店Roots Kids。（→P20）

店內排放商品皆為男女通用 同一條街上有童裝專賣店

DATA
高架列車Burrard站步行4分 1001 Robson St. 604-683-4305 9時30分～21時 無休

Club Monaco
鎖定台灣專櫃沒有進貨的商品

起源於多倫多的加拿大品牌。設計簡約，卻又不著痕跡地結合了流行元素，因此相當受到歡迎。有許多在台灣不易買到的美妝商品。（→P20）

DATA
高架列車Burrard站步行5分 1034-1040 Robson St. 604-687-8618 10～21時（週日為11～20時） 無休

M·A·C
尋找屬於自己的專屬色

起源於多倫多，經常受到美妝業界矚目的化妝品品牌。選色豐富多樣、搭配巧妙的腮紅、眼影及唇膏等商品都非常齊全。（→P20）

DATA
高架列車Burrard站步行5分 908 Robson St. 604-682-6588 10～19時（週三～五為10～21時、週六為10～20時、週日為11～18時） 無休

Aritzia
充滿簡約魅力

以20～30歲女性為客群，於1984年推出的人氣品牌。設計多為黑白色調的簡約風格，也不會過於休閒。襯衫C$50～、T-shirt C$35～。（→P20）

DATA
高架列車Burrard站步行4分 1110 Robson St. 604-684-3251 10～21時（週五、六為10～22時、週日為11～20時） 無休

購物中心及百貨公司都集中在羅布森街與固蘭湖街交叉口附近。

Danier Leather
羅布森街　MAP P137-C3

時尚又容易搭配的皮革製品

想要買正統皮革製品的話就要來這裡。皮衣外套C$399～及皮大衣C$149～，都是容易搭配且具有都會感的設計。店內商品種類非常豐富。

DATA
🚇🅑高架列車Burrard站步行5分
📍1018 Robson St.
📞604-689-7330　🕐10～21時（週日為10～19時）　無休

流行

❀

除了最繁榮的購物天堂羅布森街以外，還有時尚潮流基地耶魯鎮，以及基斯蘭奴、南固蘭湖等，每個地方都想去逛逛！還有好多女裝、飾品、鞋子專賣店。

---

m0851
蓋士鎮　MAP P139-C2

簡約時尚的成熟包包

於1987年成立的蒙特婁品牌。使用義大利小牛皮等重量輕且耐用的材質製作。包包、服裝、飾品等商品齊全。
（→P18）

DATA
🚇🅑巴士50路Water St.步行2分
📍44 Water St.　📞604-682-7704
🕐11～19時（週日為12～18時）
無休

Canucks Team Store
羅布森街　MAP P136-B2

當地的球隊品牌

就算在繁榮的羅布森街當中也十分顯眼的溫哥華職業冰上曲棍球隊「Canucks」官方商店。販售球衣C$139.99等各種商品。

DATA
🚇🅢高架列車Burrard站步行8分
📍1151 Robson St.
📞604-681-3515　🕐10～21時（週日為11～21時）　無休

Silver Gallery
蓋士鎮　MAP P138-B3

極具品味的飾品
五顏六色種類豐富

店面就位在蒸氣鐘的前方，一整片的落地窗明亮又寬敞。雖然店名為Gallery，但並不只是販售高單價的商品，也有很多價格親民的商品，很適合買來當做伴手禮。店內商品有很多是由原住民手工雕刻而成的飾品，設計全都洗練又充滿現代感，非常具有魅力。還有提供代客包裝的服務。

↑明亮寬敞的店內　→原住民手工雕刻項鍊C$25～及耳環

DATA
🚇🅢高架列車Waterfront步行4分
📍308 Water St.　📞604-681-6884
🕐10～19時（週日為12～19時、冬季為10～18時）　無休

Lululemon Athletica
基斯蘭奴　MAP P141-A2

瑜珈服的代表性品牌

在台灣也有很多愛用者的溫哥華瑜珈服飾專賣店。位於基斯蘭奴的這間小店面為創始店。目前台灣還沒有設櫃，來的話不要錯過了哦。
（→P35）

DATA
🚇🅑巴士4、7、44路W. 4th Ave. x Arbutus St. 步行1分　📍2113 W. 4th Ave.　📞604-732-6111　🕐10～19時（週日為10～18時）　無休

Aldo
羅布森街　MAP P137-C3

經濟實惠的鞋店

加拿大的鞋子專賣店，從簡單好走的基本款到充滿個性的設計款，提供豐富選擇。多為C$100左右的親切價格。也有販售包包、飾品、太陽眼鏡等。

DATA
🚇🅢高架列車Burrard站步行5分
📍1025 Robson St.
📞604-683-2443　🕐10～21時（週日為11～20時）　無休

Urban Outfitters
羅布森街　MAP P137-D3

在歐美擁有極高人氣的選貨店

擁有兩層樓的寬敞店舖，擺滿衣服、飾品、內衣、生活雜貨、唱片及錄音帶等。牛仔襯衫C$59、旅行用拖特包C$79。

DATA
🚇🅢高架列車Granville站步行4分
📍822-830 Granville St.
📞604-685-1970　🕐10～21時（週日為11～20時）　無休

羅布森街　MAP P137-C3

Plenty

以尋寶的心情來
找尋自己的寶物

店內商品總是走在流行的最尖
端，商品之多足足擺滿了2層樓
的店內空間。店內服飾大多是
從法國或舊金山採購而來，碎
花圖案的包頭鞋約C\$60起等，
奇特又具有獨創性的商品在其
他店家買不到，因此相當受到
歡迎。丹寧褲C\$79～，羅列了
20種以上的品牌供您選擇。童裝
的設計更是充滿個性又不失可
愛。溫哥華市內有兩家分店。

→總是走在流
行的最前端
→充滿個性派
商品

DATA
高架列車Burrard站步行6分　1107
Robson St.　604-689-4478　10～21時
（週日為11～18時，視時期而異）　無休

羅布森街　MAP P137-D2

American Eagle Outfitters

仿舊加工有著超高人氣

沒有進駐台灣的美國品牌，除了
有販售服飾、鞋子以外，也有泳
裝和內衣等。設計活潑，給人明
亮的感覺。
仿舊加工的
牛仔褲C\$
59.99～。

DATA
高架列車Granville站　700 W.
Georgia St.位於太平洋購物中心 Pacific
Centre　604-687-6324　10～21時（週
日為10～22時，視時期而異）　無休

蓋士鎮　MAP P138-B3

The Block

充滿年輕活力的設計很受歡迎

精選加拿大新銳設計師的服裝
及飾品。店內販售的服飾都充
滿個性，來這裡可以找到屬於
自己的獨特
單品。襯衫
C\$145～。

DATA
高架列車Waterfront站步行4分
350 W. Cordova St.　604-685-
8885　11～18時（週五為11～19
時、週日為12～17時）　無休

耶魯鎮　MAP P140-B1

Fine Finds

宛如一間小型百貨公司

位於流行基地耶魯鎮上的時尚
精品店。店主從世界各地精選
的獨特商品擺放在店內。木質
杯墊C\$10。

DATA
高架列車Yaletown-Roundhouse
站步行4分　1014 Mainland St.
604-669-8325　10～19時（週日為
11～17時）　無休

耶魯鎮　MAP P140-A1

Brooklyn Clothing

男性牛仔褲的寶庫

販售約60種、1000件以上的牛
仔褲C\$200～。從28～40吋都
有，尺寸齊全。每季推出的新
款也十分吸
引人。皮衣
外套C\$300
～。

DATA
高架列車Yaletown-Roundhouse
站步行2分　418 Davie St.
604-683-2929　10～21時（週日為
11～19時）　無休

基斯蘭奴　MAP P141-A2

Ethel's

個性派的成熟商品

從年輕人到年長者都十分喜愛
的精品店。除了衣服，還有販
售靴子、圍巾、褲襪等豐富商
品。當地設
計師款外套
C\$80。

DATA
巴士4、7路 W. 4th Ave. x Vine
St.步行1分　2346 W. 4th Ave.
604-736-0910　10時30分～19時
（週日為12～18時）　無休

蓋士鎮　MAP P138-B3

Dutil

壓軸的牛仔褲專賣店

一整排的牛仔褲中，有八成為男
性牛仔褲，兩成為女性牛仔褲。
雖然商品上沒有標籤說明及標
價，不過店
員會親切的
介紹。原創
品牌牛仔褲
C\$80～。

DATA
高架列車Waterfront站步行5分　303
W. Cordova St.　604-688-8892　11～
19時（週日、假日為12～18時），冬季為11～
18時（週日、假日為11～17時）　無休

南固蘭湖　MAP P133-A3

JJ & Co.

高品味的服飾擁有超人氣

以歐洲品牌為主，匯集優質且富
設計感的服飾。外套C\$80～、靴
子C\$200～、
牛仔褲 C\$
120～等。

DATA
巴士10路Granville St. x W. 15th
Ave.步行1分　3050 Granville
St.　604-428-4006　10～18時
（週四、五為10～19時，週日為11～
18時）　無休

若想要逛沒有分店的精品店，可以前往基斯蘭奴。
逛完羅布森街還想再逛的話，可以搭乘巴士前往基斯蘭奴（→P26）。

雜貨&紀念品

在加拿大除了可以找到許多家飾品、廚房用品以外，還有各種生活雜貨及玩具，且都充滿了加拿大寒帶氣候的特色。還有傳承自先民的原住民傳統工藝品等，都很適合作為伴手禮。

The Chocolate Mousse Kitchenware

有趣的雜貨排滿整間店

以廚房用品為主的生活雜貨店。販售正統廚房用具及為烹飪添加樂趣的獨特道具等，應有盡有。

還有禮品緞帶、卡片、嬰兒用品等商品，種類豐富。

DATA
巴士5路Robson St. x Burrard St.步行11分　1553 Robson St.　604-682-8223　9〜21時（週日為10〜19時）　無休

OK Gift Shop

品項眾多選擇豐富

寬敞的店面，販賣加拿大的招牌特產，包含其他店家沒有的獨家商品等，共有一萬件以上的商品。商品相當齊全，種類豐富。

DATA
高架列車Burrard站步行8分　1155 Pender St.　604-689-5513　10〜21時（視時期而異）　無休

Button Button

溫哥華唯一一間鈕釦專賣店

販售從世界各地蒐集而來的9000種鈕釦專賣店。木質、貝殼、玻璃、陶器等各種不同材質，尺寸從直徑2mm〜5cm都有，顏色、形狀也都五花八門。充滿現代感的大顆鈕釦可以用來裝飾包包等；做工細緻的復古鈕釦可以做成項鍊或戒指、耳環等。售價為一個C$10〜C$20左右。

→琳瑯滿目的鈕釦吸引眾人目光

↑根據年代和種類分類排放

DATA
高架列車Waterfront站步行4分　318 Homer St.　604-687-0067　10時30分〜18時　週日、一、國定假日

Hill's Native Art

想要帶一個傳統工藝品回家作為加拿大旅行的紀念

從傳統工藝品到藝術品都可以在這裡找到。為加拿大原住民工藝品的專賣店，這一系列的商品在溫哥華是數一數二齊全的。1樓販售由印地安考津族製作的正統考津族毛衣C$250〜及圖騰柱C$145〜、飾品等，從牆面一直到樓梯都擺滿商品。玻璃櫃內陳列著手工加拿大珠寶類等。

↑從牆面一直到樓梯都掛滿原住民的面具
→2、3F販售現代工藝品及畫作等

DATA
高架列車Waterfront站步行5分　165 Water St.　604-685-4249　9〜21時　無休

Hudson House

想要購買充滿加拿大風情的伴手禮就要來這裡！

店內的氣氛讓人聯想到開墾時期，還擺放了很多圖騰柱模型、因紐特人擺飾。楓糖漿、煙燻鮭魚等加拿大的經典特產種類繁多，讓人目不暇給。店內九成以上的商品是加拿大設計、生產的。除了推出品質優良的自家員創品牌T恤，冬季還有販售超人氣的加拿大品牌「Canada Goose」（→P33）的商品。

↑充滿加拿大風情的商品很適合當伴手禮
→典雅的紅磚牆大門

DATA
高架列車Waterfront站步行4分　321 Water St.　604-687-4781　10〜18時　無休

蓋士鎮 MAP P139-C2

Kimprints

來這裡把「加拿大」帶回家紀念

在充滿風情的建築裡，販售各式各樣的卡片及海報。在這裡可以買到盲人油畫家Tony Max等加拿大藝術家的作品。卡片C$2.50～。

DATA
🚌巴士50路Water St.步行8分
🏠41 Powell St.
📞604-685-0443 🕐10～20時
📅無休

耶魯鎮 MAP P140-A1

The Cross Décor & Design

融和古典與摩登時尚的室內空間

將建於1910年代的歷史悠久建築物改裝而成的家居飾品店。寬敞的店內有水晶燈由天花板垂掛而下，有桌椅、家居雜貨、床組、衛浴用品等琳琅滿目的商品，陳列方式都非常有品味，很吸引人。除了有販售美國和加拿大的骨董家具等之外，也有將較具現代感的素材以仿舊方式呈現的獨特商品。

➡充滿羅曼蒂克的氛圍
➡時鐘C$425、嬰兒床單C$38、香水C$25

DATA
🚌🚇高架列車Yaletown-Roundhouse站步行2分
🏠1198 Homer St.
📞604-689-2900
🕐10～18時（週日、假日為11～17時） 📅無休

固蘭湖島 MAP P140-B3 地圖▶正面·B5

Kimdoly Beads

販售多種串珠及手工藝用品及設計師的手工作品

天然礦石、水晶串珠及手工藝用品的專賣店。串珠的大小、顏色、形狀選擇豐富。還有設計師特地從國外前往採購。價格從C$2起非常實惠。扣頭、鋼絲線、製作耳環的五金用具等在這裡也可以買到，喜歡DIY手工藝的人不要錯過了！店內另有販售加拿大設計師的作品，也可以來這裡挑選伴手禮。

➡依照材質及顏色的分類讓人一目了然
➡優惠的打折品也不能錯過

DATA
🚌巴士50路2nd Ave. x Anderson St.步行5分
🏠103-1551 Johnston St.
📞604-683-6323 🕐11～18時 📅無休

基斯蘭奴 MAP P141-B2

Country Beads

挑戰手工飾品

從非洲進口的再生玻璃、海玻璃等，種類五花八門，各自有著奇妙的色彩變化。充滿設計巧思的石製串珠等也很值得多加留意。

DATA
🚌巴士4、7、44、84路W. 4th Ave. x Arbutus St.步行1分 🏠2015 W. 4th Ave. 📞604-730-8056 🕐10～18時（國定假日為12～17時） 📅無休

基斯蘭奴 MAP P141-B2

Signed Sealed Delivered

卡片種類豐富的文具店

加拿大人喜愛互贈卡片，這家文具店將2500種的卡片擺滿整櫃。卡片C$3.75～，還有各種拼圖C$19.95～等。

DATA
🚌巴士4、7、44、84路4th Ave.步行4分 🏠1988 W. 4th Ave.
📞604-732-0020 🕐10～19時（週六為10～18時、週日為11～18時，視時期而異） 📅無休

南固蘭湖 MAP P133-A3

Pottery Barn

追求更加舒適的生活

販售品質優良的食器、燈飾等商店的家居飾品店。具有豐富知識的店員會提供許多關於家居擺設的專業意見。

DATA
🚌巴士10、14路Granville St.步行1分 🏠2600 Granville St.
📞604-678-9897 🕐10～19時（週四、五為10～20時、週日為11～18時，視時期而異） 📅無休

南固蘭湖 MAP P133-A3

Restoration Hardware

將住家進行時尚變身

這家家居飾品店販售的高品質商品連細節都非常的精緻，而且種類豐富。連門把、掛鉤等也都有相當多款式可以選擇。即使只是參觀展示間，就充滿無限樂趣。

DATA
🚌巴士10、14路Granville St.步行2分 🏠2555 Granville St.
📞604-731-3918 🕐10～19時（週日為11～18時） 📅無休

食品

鮭魚加工產品及楓糖漿為加拿大的經典特產。可於專賣店及超市購得。陳列著五花八門商品的超市,光是走走看看就充滿樂趣。還有咖啡、餅乾等,想買回去當伴手禮的食品好多好多。

羅布森街周邊　**MAP** P137-C3

Urban Fare

推出自家原創品牌
精選食材豐富的超市

堅持選用有機食品的顧客及上班族時常光顧的高級超市。除了有販售當地農家種植的有機蔬果以外,還有從世界各地進口的優質食材。自家原創品牌推出的咖啡C$8.99～18.99(300g起)、礦泉水1L C$1.99等,包裝也都很時尚,可以當作小伴手禮。另有販售生活用品及營養補給品等。(→P33)

↑擺滿整櫃的新鮮食材
→可於店內熟食區享用簡單輕食

DATA
交⑤高架列車Burrard站步行5分
住位於溫哥華香格里拉大酒店(→P68)1F ☎604-648-2053 時7～22時(國定假日為7～18時) 休無休

蓋士鎮　**MAP** P138-B3

Maple Delights

楓糖商品專賣店

販售淺琥珀色、中等琥珀色、琥珀色三個等級的楓糖漿,淺琥珀色等級特別合亞洲人的口味,C$10.45(100ml)。楓葉、各種楓糖奶油也十分推薦。

DATA
交⑤高架列車Waterfront站步行3分
住385 Water St. ☎604-682-6175
時10～19時(冬季10～18時。視時期而異) 休無休 金●●C$3～

基斯蘭奴　**MAP** P133-A3

Chocolate Arts

賞心悅目又美味的巧克力

使用比利時、法國、委內瑞拉的巧克力,搭配加拿大的榛果、櫻桃等當地有機食材製作而成的巧克力專賣店。販售50種以上口味的巧克力。

DATA
交⑤巴士4、7、44、84路4th Ave.步行3分 住1620 W. 3rd Ave. ☎604-739-0475 時10～18時(週日為～17時) 休無休

耶魯鎮　**MAP** P140-A1

Choices

可以逛上一整天的
精品超市

主打健康取向的超市,堅持提供高品質的商品,有向當地簽約農家進貨的有機蔬果和肉品等。用來製作漢堡和熟食的蔬菜也都是有機蔬菜。還有販售種類多樣的營養補給品以及香料,現場還有專家進駐,可以提供消費者專業的意見。品項超過60種以上的沙拉吧C$2.39(100g)。

→三明治可以選購自己喜歡的口味

↑可以觀察到當地人的生活,充滿樂趣

DATA
交⑤高架列車Yaletown-Roundhouse站步行3分 住1202 Richards St.
☎604-633-2392
時8～23時 休無休

南固蘭湖　**MAP** P133-A3

Meinhardt

歐洲食材的寶庫

匯集了各種歐洲食材的專賣店。店內的熟食吧C$42.59(100g)提供咖哩、炒蔬菜等非常國際化的菜色。也可以內用。

DATA
交⑤巴士10路Granville St.步行3分
住3002 Granville St.
☎604-732-4405
時8～21時(週日為9～20時) 休無休

溫哥華近郊　**MAP** P132-B4

Seaborn

購買鮭魚加工產品就來這裡

於自家工廠製作的無添加煙燻鮭魚廣受好評。AAA等級的楓糖漿也是極品。提供到飯店或機場的配送服務,以及免費包裝,包裝後可以直接帶上飛機。

DATA
交⑤於高架列車Marine Dr.站搭乘●巴士100、10路於Marpole Loop下車步行5分 住1310 West 73rd Ave.
☎604-261-2230 時9～18時 休無休

美妝＆保養

❖

除了食品之外，美妝保養品也是溫哥華的代表伴手禮之一。多為使用天然成分製成的洗髮精、香皂等對身體無害的產品。從藥妝店到SPA品牌等，無論店家還是品牌，都有許多選擇。

羅布森街　MAP P136-B3

London Drugs

購買日用品的第一選擇
想要一次買齊伴手禮就來這裡

以B.C.省為據點的藥妝連鎖店，有些人把它會簡稱為「London」。除了有販售各種營養補給品、洗髮精等之外，甚至還有食品、家電、雜誌，各種商品應有盡有。在溫哥華市內共有11家門市，如果需要採買日常用品等，不妨善加利用。也有許多獨創商品，想要一次買齊小伴手禮也很方便。

↑有需要時可以隨時採買，十分方便
→商品琳瑯滿目，逛起來充滿樂趣

DATA
図⑤高架列車Burrard站步行5分
1187 Robson St. 604-448-4819 9～22時（週日為10～22時，固定假日為9～21時）無休

羅布森街周邊　MAP P137-D3

Nordstrom

新興購物商場中的
化妝保養品樓層

位在太平洋購物中心 Pacific Centre南側，於2015年開業的購物商場，1樓非常的大，是化妝保養品樓層。Chanel、M・A・C、雅詩蘭黛、BOBBI BROWN等人氣品牌都集結在這裡。來這裡可以一次買齊，非常方便。Abercrombie & Fitch、HUGO BOSS 等服飾品牌也有進櫃。

→BOBBI BROWN眼影C＄35、雅詩蘭黛唇膏C＄48等

↑光彩耀眼的外觀讓人印象深刻

DATA
図⑤高架列車Granville站步行3分
799 Granville St. 604-699-2100 9時30分～21時（週日為11～19時）無休

羅布森街　MAP P137-C3

Lush

崇尚自然派絕不能錯過

純手工100%植物性保養品。泡澡球共有15種不同的香味。橄欖油香皂很適合皮膚敏感的人使用。

DATA
図⑤高架列車Burrard站步行5分
1020 Robson St.
604-687-5874
10～21時（週日為11～20時）
無休

基斯蘭奴　MAP P141-A2

Saje

整間店都瀰漫著香氣
追求天然的商店

於1992年開業的天然商品專賣店。提供以健康與美為主題的100%天然素材製成的商品。除了販售沐浴用品、擴香劑、精油等產品，還可以根據頭痛、感冒、失眠、皮膚乾燥等身體狀態來選擇不同商品搭配使用。不僅只有成人能夠使用，連小孩也能安心使用，其商品的安全性也是一大賣點。精華油C＄12.95起。羅布森街上也有分店。（→P33）

↑充滿香氛的店內讓人忍不住想走進去
→有效改善身體不適的Immune複方精油C＄22.95

DATA
図阿標特斯街路口步行4分
2252 W. 4th Ave.
604-738-7253
10～20時　無休

基斯蘭奴　MAP P141-A2

伊聖詩
Escents

以精油香氛療癒身心

100%有機原料製成的精油C＄7.95起。以加拿大各城市為主題創作出不同香味的滾珠精油棒C＄17，具有舒緩頭痛及舒眠的功效。
（→P27、33）

DATA
図阿標特斯街口步行3分
2202 W. 4th ave. 604-730-9910
10～18時（週四～六為10～19時、週日為11～18時）無休

若是旅行時間較長，也可以嘗試於超市購買食材以製作三明治等簡單餐點。

Hotel

飯店

溫哥華有各種住宿選擇，特別是在市中心。除了有能夠體驗奢華氛圍的高級飯店之外，也有設有廚房、適合長期旅行者的公寓式飯店，或是價格非常實惠、讓人如同待在家中一樣舒服的B&B民宿。住宿設施非常齊全。

羅布森街周邊　MAP P137-C3　地圖▶正面-E3

The Fairmont Hotel Vancouver

於1939年開業最具代表性的溫哥華飯店

伊莉莎白女王等國際要人、貴客下榻的外賓飯店。青銅色屋頂配上石牆的外觀，宛如歐洲古堡一般。工作人員的完美接待讓人感受到老字號飯店的魅力。房間內的高級家具營造出沈穩典雅的氛圍。設有「Notch 8」餐廳、SPA及室內游泳池等，館內整體呈現高級優雅感。位於交通方便的市中心也是一大魅力。

↑富麗堂皇的超高級飯店
➡客床使用的高級床單也非常講究

DATA
🚇Ⓢ高架列車Burrard站步行2分
🏠900 W. Georgia St.　📞604-684-3131
🏨ⒼⓉ C$299～　556室

羅布森街周邊　MAP P137-D2　地圖▶正面-E3

溫哥華四季酒店
Four Seasons Hotel Vancouver

超高級飯店的代名詞
來這裡感受奢華氣氛

裝飾在大廳裡的飾品等都讓人感覺到飯店的格調之高，客房內配置有古典風格的家具，營造出優雅的氛圍。舒適的大床和大理石浴室都很大氣，讓住宿其間更加放鬆愉悅。從高樓層往下眺望的景色相當漂亮。還設有室內游泳池和健身房，空閒時間也能好好享樂一番。也有提供付費的按摩及美甲等服務。

↑位於高架列車Granville站附近
→清爽高雅的客房

DATA
🚇Ⓢ高架列車Granville站步行1分
🏠791 W. Georgia St.　📞604-689-9333
🏨ⒼⓉ C$364～　372室

羅布森街周邊　MAP P137-C2

溫哥華凱悅酒店
Hyatt Regency Vancouver

擁有絕佳景致的地標飯店

位在市中心商業區裡的高樓層飯店。共有34層樓，客房都非常的摩登且寬敞。海灘、博物館、各種餐廳等都在步行可到的範圍裡，位置絕佳。

DATA
🚇Ⓢ高架列車Burrard站步行1分
🏠655 Burrard St.
📞604-683-1234
🏨ⒼⓉ C$290～　644室

灣區　MAP P137-C1　地圖▶正面-E2

溫哥華山峰市區萬豪酒店
Vancouver Marriott Pinnacle Downtown Hotel

高品質的服務廣受好評

充滿現代感的裝潢很受到歡迎，擁有商務客及觀光客等廣泛的客群。具有方便購物及用餐的良好地理位置。

DATA
🚇Ⓢ高架列車Burrard站步行5分
🏠1128 W. Hastings St.
📞604-684-1128
🏨ⒼⓉ C$259～　432室

灣區　MAP P136-B1

Coast Coal Harbour Hotel

設備豐富的舒適飯店

高豪港旁的高樓層飯店，共有20層樓。館內統一以大地色系營造出高雅的氛圍。餐廳從早餐到宵夜時段都有營業，非常方便。

DATA
🚇Ⓢ高架列車Burrard站步行5分
🏠1180 West Hasting St.
📞604-697-0202
🏨ⒼⓉ C$179～　220室

羅布森街周邊　MAP P137-C3

溫哥華香格里拉大酒店
Shangri-La Hotel Vancouver

溫哥華最高的飯店

飯店的落地窗相當搶眼，樓層超高。客房不僅寬敞，而且還很高級。飯店內還有一位難求的超人氣餐廳「Market」等，設施也很充實。

DATA
🚇Ⓢ高架列車Burrard站步行4分
🏠1128 W. Georgia St.
📞604-689-1120
🏨ⒼⓉ C$270～　119室

有餐廳　有游泳池　有健身房　有冰箱、迷你吧　有洗衣服務

羅布森街周邊 MAP P136-B3

利時達酒店
The Listel Hotel

宛如藝廊般的飯店

不著痕跡地將藝術品及畫作展示於飯店內，彷彿走進藝廊般。當地藝術家為了此飯店創作的作品也展示於其中。

DATA..........🏨🏊🛗🚪📶
🚇Ⓢ高架列車Burrard站步行10分
🏠1300 Robson St.
📞604-684-8461
💰ⓈⓉC$159～　129室

灣區 MAP P136-A2 地圖▶正面-D2

溫哥華灣岸威斯汀酒店
The Westin Bayshore Resort & Marina

位於史丹利公園旁
景觀超群的20層樓飯店

從客房可以將遊艇港、布勒內灣一眼望盡，充滿開放空間感。飯店園區內設有散步步道，可以悠閒的散步或慢跑，放鬆度過假期。天氣晴朗時，可以在餐廳中庭用餐或飲用調酒。設有融合古印度阿育吠陀按摩及西洋手法的SPA中心。館內的單人房數量很多，商務出差時也很推薦在此留宿。

↑眼前就是海灣美景
↑兩張大床的雙人房型

DATA..........🏨🏊🛗🚪📶
🚇Ⓑ巴士19路W. Georgia St.步行5分
🏠1601 Bayshore Dr.　📞604-682-3377
💰ⓈⓉC$300～　511室

灣區 MAP P138-A3 地圖▶正面-E2

The Fairmont Waterfront

窗外是超廣角的壯觀景致

位於加拿大廣場對面，共有23層樓。靠近太平洋購物中心Pacific Centre及羅布森街，購物方便。館內的健康俱樂部設有全年開放的戶外溫水游泳池及桑拿等設施。從健康俱樂部可以眺望到北溫哥華的絕佳山景。在餐廳可以品嚐到於自香草園現採的新鮮香料。設有高架車站直達通道。

➡景觀一流的客房

↑位於方便購物的好位置

DATA.........🏨🏊🛗🚪📶
🚇Ⓢ高架列車Waterfront站步行1分
🏠900 Canada Place Way
📞604-691-1991
💰ⓈⓉC$359～　489室

耶魯鎮 MAP

Best Western Plus Chateau Granville

翻新裝修後新開幕

飯店全館大規模翻修後，於2014年重新開幕。位於固蘭湖街上，可以步行走到固蘭湖島。全部的客房皆設有冰箱及微波爐。

DATA.......🏨🛗🚪📶
🚇Ⓢ高架列車Yaletown-Roundhouse站步行8分　🏠1100 Granville St.
📞604-669-7070
💰ⓈⓉC$115～　118室

溫哥華市中心 MAP P138-A3 地圖▶正面-E2

Fairmont Pacific Rim Hotel Vancouver

融合了豪華與自然
清爽高雅的高級飯店

於2010年開幕的最高級飯店。位於濱海區，可以眺望美麗的景色。飯店內統一使用沉穩的色調，氣氛相當洗練優雅。簡約又清爽的客房裡，提供有ipad2等完備的電子產品，讓房客預約餐廳與Spa更加方便。各種餐廳等飯店設施也都很奢華，工作人員細膩周到的服務很令人滿意。

↑位於濱海區的最高級飯店
➡沉穩優雅的客房讓人放鬆

DATA..........🏨🏊🛗🚪📶
🚇Ⓢ高架列車Waterfront站步行8分
🏠1038 Canada Place　📞604-695-5300
💰ⓈⓉC$440～　377室

溫哥華市中心 MAP P134-B3 地圖▶正面-D3

溫哥華喜來登華爾中心酒店
Sheraton Vancouver Wall Centre Hotel

充滿未來感的飯店

大片落地窗的雙塔建築，嶄新的外觀非常引人注意。館內的家具設備甚至到工作人員全都充滿設計時尚感。並設有髮廊及健身房。

DATA.......🏨🏊🛗🚪📶
🚇Ⓑ巴士22路St. Paul's Hospital步行2分　🏠1088 Burrard St.
📞604-331-1000
💰ⓈⓉC$235～　733室

溫哥華飯店的價錢從低到高選擇豐富，可以依照個人預算來選擇。
房價會隨季節浮動，訂房前請先行確認。

耶魯鎮
MAP P140-A1 地圖▶正面‧E3

OPUS Hotel Vancouver
超人氣設計飯店

深受好萊塢上流人士及明星喜愛的人氣飯店。大廳的設計宛若現代藝術一般，各自有著不同裝潢風格的客房也很時尚。1F設有OPUS酒吧。

DATA
🚇🚌高架列車Yaletown-Roundhouse站步行1分 🏠322 Davie St.
📞604-642-6787
💲ⓈⓉC\$279～　96室

B&B 床鋪&早餐

所謂B&B就是床鋪&早餐（Bed & Breakfast）的簡稱，意即提供住宿及早餐，跟台灣的民宿很類似。可以體驗不同屋主的個人風格。

The Corkscrew Inn
（MAP/P133-A3）
🚌Ⓑ巴士2路W. 2nd St.步行5分 🏠2735 W. 2nd St. 📞604-733-7276 💲ⓉC\$130～

Maple Beach Bed and Breakfast
（MAP/P133-A3）
🚌Ⓑ巴士2、22路Maple St.步行1分 🏠1533 Maple St.
📞604-739-5833 💲ⓉC\$100～

舒適的民宿，很受到歐洲旅客喜愛的The Corkscrew Inn →Maple Beach Bed and Breakfast限制5歲以下的旅客不得入住

羅布森街周邊　MAP P137-C1　**Pinnacle Hotel Harbourfront**	位於濱海區，景觀絕佳。客房的大窗戶充滿開闊感。🚇Ⓢ高架列車Burrard站步行5分 🏠1133 W. Hastings St. 📞604-689-9211 💲ⓈⓉC\$210起　442室	
羅布森街周邊　MAP P137-D2　**Metropolitan Hotel Vancouver**	館內充滿高級感。1樓的「Diva」為新潮創意餐廳。🚇Ⓢ高架列車Granville站步行3分 🏠645 Howe St. 📞604-687-1122 💲ⓈⓉC\$200起　197室	
羅布森街周邊　MAP P137-C3　**The Sutton Place Hotel**	優雅的氛圍很受女性喜愛。設有上網設備、SPA、健身房。🚇Ⓢ高架列車Burrard站步行6分 🏠845 Burrard St. 📞604-682-5511 💲ⓈⓉC\$250起　397室	
羅布森街周邊　MAP P137-C3　**Carmana Plaza**	設有廚房的酒店式公寓。距離羅布森街只有一個街口的好位置，是長期旅遊的好選擇。🚇Ⓢ高架列車Burrard站步行5分 🏠1128 Alberni St. 📞604-683-1399 💲ⓈⓉC\$169起　96室	
羅布森街周邊　MAP P136-B3　**Blue Horizon**	位於交通方便的位置，適合作為觀光據點。有城景及海景兩種房型。1樓設有餐廳。🚇Ⓑ巴士5路Robson St.步行1分 🏠1225 Robson St. 📞604-688-1411 💲ⓈⓉC\$139起　214室	
羅布森街周邊　MAP P136-A3　**The Empire Landmark Hotel**	羅布森街上最高的42層樓建築。館內為可愛的花朵裝潢。頂樓的景觀旋轉餐廳很受歡迎。🚇Ⓑ巴士5路Robson St.步行1分 🏠1400 Robson St. 📞604-687-0511 💲ⓈⓉC\$75起　357室	(部分)
溫哥華市中心　MAP P134-B3　**Residence Inn by Marriott Vancouver Downtown**	全房型皆設有廚房，適合長期旅遊的旅客。房費包含早餐。設有免費WIFI。🚇Ⓑ巴士2、22、C23路Davie St. x Howe St.步行2分 🏠1234 Hornby St. 📞604-688-1234 💲C\$190起　201室	
溫哥華市中心　MAP P134-B3　**Century-Plaza Hotel & Spa**	大部分房型設有廚房。寬敞的單床大套房最有人氣。交通便利。🚇Ⓑ巴士2、22路Burrard St.步行1分 🏠1015 Burrard St. 📞604-687-0575 💲ⓈⓉC\$118起　240室	
溫哥華市中心　MAP P134-B3　**Sandman Suites on Davie**	全房型皆為帶陽台的大套房。去海邊或購物都非常方便，適合長期旅遊的旅客。🚇Ⓑ巴士6路Davie St.步行1分 🏠1160 Davie St. 📞604-681-7263 💲ⓈⓉC\$159起　198室	
耶魯鎮　MAP P134-B3　**Holiday Inn Hotels & Suite Vancouver Downtown**	位於交通方便的好位置，適合作為觀光據點。設有餐廳及健身中心等。🚇Ⓢ高架列車Yaletown-Roundhouse站步行9分 🏠1110 Howe St. 📞604-684-2151 💲ⓈⓉC\$135起　245室	
灣區　MAP P138-B3　**Delta Vancouver Suites**	全房型皆為一房一廳的大套房。設有大書桌及快速的網路設備。🚇Ⓢ高架列車Waterfront站步行5分 🏠550 W.Hastings St. 📞604-689-8188 💲ⓈⓉC\$229起　225室	
灣區　MAP P138-A2　**Pan Pacific Vancouver Hotel**	位於加拿大廣場內，正門口挑高明亮的玻璃屋簷讓人印象深刻。🚇Ⓢ高架列車Waterfront站步行2分 🏠300-999 Canada Place 📞604-662-8111 💲ⓈⓉC\$250起　503室	

✤從溫哥華出發✤
1Day Trip

從溫哥華出發，稍微走遠一些，前往維多利亞，
來到百花爭艷的花園、以及充滿樂趣的巷弄中散步。
還有戶外運動及滑雪度假區惠斯勒。
把溫哥華周邊也玩過一遍才不枉此行！

N
0 ___ 50km

夸德拉島
Quadra Is.
坎貝爾河
Campbell River
鮑威爾河
Powell River
考特尼
Courtenay
艾伯尼港
Port Alberni
帕克斯維爾
Parksville
納奈莫
Nanaimo
納奈莫河
Nanaimo Riv.
尤克盧利特
Ucluelet
徹梅納斯
Chemainus
鄧肯市
Duncan
溫哥華島
Vancouver Island
右圖
倫弗魯港
Port Renfrew
蘇克
Sooke
惠斯勒
Whistler
P78
斯闊米什
Squamish
溫哥華
Vancouver P15
加比奧拉島
Gabriola Is.
吐瓦森渡輪碼頭
Tsawwassen Ferry Terminal
維多利亞
Victoria P72
太平洋
Pacific Ocean
往天使港

A

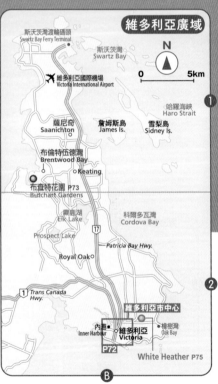

維多利亞廣域

N
0 ___ 5km

斯沃茨灣渡輪碼頭
Swartz Bay Ferry Terminal
斯沃茨灣
Swartz Bay
維多利亞國際機場
Victoria International Airport
哈羅海峽
Haro Strait
薩尼奇
Saanichton
詹姆斯島
James Is.
雪梨島
Sidney Is.
布倫特伍德灣
Brentwood Bay
Keating
布查特花園 P73
Butchart Gardens
麋鹿湖
Elk Lake
科爾多瓦灣
Cordova Bay
Prospect Lake
Patricia Bay Hwy.
Royal Oak
Trans Canada Hwy.
維多利亞市中心
內港
Inner Harbour
維多利亞
Victoria
橡樹灣
Oak Bay
P72
White Heather P75

B

Contents

受到英國文化薰陶的美麗花街

維多利亞 *Victoria*

MAP P130A4

與加拿大本島一海相隔的B.C.省首府。充滿英式
風格的街上開滿七彩繽紛的花卉，享有「花園城
市」的美名。

❶倒映出美麗風景的內
港❷有許多可愛小店❸
布查特花園❹維多利亞
的地標，省議會大廈

從溫哥華前往的Access

●飛機&水上飛機 從溫哥華國際機場
搭乘加拿大航空飛往維多利亞國際機場
全程約25分鐘，C$108起，每天飛行15
個航班左右。Harbour Air Seaplanes有
從加拿大廣場旁的溫哥華港灣水上飛機
場（MAP P135-C1）飛往維多利亞內港
的航班，全程約35分鐘，每天飛行11~
18個航班，基本費用為C$205左右（視
時期而異）。需事先預約。
●巴士 從溫哥華巴士站（MAP P133-
B3）搭乘Wilson's Transportation巴士及
渡輪全程約3小時50分鐘。巴士每天有
3~8班，C$69.81起。

Information

觀光服務處

Visitor Information Centre
🚌巴士總站步行5分
📍812 Wharf St.
📞250-953-2033
🕐8時30分~20時30
分（冬季為9~17時）
❌無休

MAP P72A1

前往市區的交通
可於維多利亞
國際機場搭乘YYJ Airport Shuttle
機場接駁巴士前往市區，到市中
心車程1小時，C$25。搭乘計
程車車程30分鐘，C$60左右。

市區內移動
市中心只要步行
即可。前往近郊的布查特花園（→
P73）可以搭乘B.C. Transit城市巴
士。營運時間基本上為6~24時。
市區車資為均一票價C$2.50。坐
到布查特花園也為C$2.50。另有
觀光巴士開往布查特花園（詳情
請參照本頁下方）。

洽詢電話

■Harbour Air Seaplanes
📞1-800-665-0212
■Wilson's Transportation
📞1-888-788-8840
■YYJ Airport Shuttle
📞1-855-351-4995
■B.C. Transit
📞250-382-6161

Point
內港
也被稱做
「The Victoria」的
攝影景點。
適合悠閒漫步

維多利亞站
VICTORIA STN.

Don Mee P77
Venus Sophia P75

維多利亞

右圖

內港 P74
Inner Harbour

漁人碼頭 P76
Fisherman's Wharf

觀光服務處
Visiter Infomation Centre

魁達洛古堡
Craigdarroch Castle

維多利亞美術館
The Art Gallery of
Greater Victoria

雷鳥公園 P77
Thunderbird Park

麥當勞公園 P76
MacDonald Park

省議會大廈
Legislative
Assembly of BC

皇家B.C.博物館 P76
The Royal BC Museum

Emily Carr故居 P77
Emily Carr House

Ashcroft House B&B

Holland Point

碧根山公園 P77
Beacon Hill Park

0 ————— 500m

A   B

Don Mee

唐人街

番攤里 P75
Fan Tan Alley

Swans Suite Hotel

Markey Square

P74 Button & Needlework

飛鷹巷 P75
Trounce Alley

海洋博物館 P76

堡壘廣場 P76

Bedford Regency Hote

Red Fish
Blue Fish P74

P74 The Bay

The Centre P77

P74 Roger's Chocolates

水上飛機場

P74 Sam's Deli

模型博物館 P76

英式下午茶大廳
The Fairmont
Empress P75,77

0 ——— 100m

C

有從維多利亞市區各大飯店前往布查特花園的來回巴士含入場門票的套裝觀光巴士，每天1~8班車來回。
🕐維多利亞出發9時20分~16時、從布查特花園出發11時~18時15分（視季節而異） 💰C$54.25~起，需事先預約
📞1-855-385-6553（北美區域內撥打） 🌐http://sightseeingvictoria.com/ ※可於觀光服務處進行預約

① 布查特花園
Butchart Gardens

一年365天花草都茂密繁盛，也是維多利亞最美的觀光景點。

② 內港
Inner Harbour

散步步道、省議會大廈等等環繞於內港四周。是遊船停靠的碼頭。

③ 政府街
Government St.

市區的主要道路，充滿英式風情。可以享受購物等樂趣。

④ 英式下午茶
Afternoon Tea

依舊保有著承襲自英國的下午茶文化。

⑤ 巷弄漫步
Alley Stroll

忍不住想要走進去一探究竟的維多利亞巷弄，充滿獨特魅力。

維多利亞

1day Trip

Keyword 1

布查特花園
Butchart Gardens [MAP] P71B1

七彩花卉盛開的大花園

位於維多利亞北側近郊，一整年都綠意盎然百花盛開的花園。於1906年由水泥大王布查特先生的夫人著手於美化廢棄的石灰石礦坑開始，建造了布查特花園。佔地22公頃的廣闊花園，由下沉花園、玫瑰花園等五個區域所組成。

data 図B維多利亞市中心搭巴士75路60分。或搭乘計程車30分，C$50 图800 Benvenuto Ave. ☎250-652-4422 图9～22時(冬季為9時～15時30分。視時期而異) 休無休 图C$17～32(視時期而異)

↓全世界各品種的玫瑰花都齊聚一堂的玫瑰花園。夏季會長出玫瑰蔓蔓的拱門，非常浪漫

玫瑰花園 B
Rose Garden

從下沉花園走出來，穿過草地便來到玫瑰花園。6月底為玫瑰花期。

布查特花園

日式庭院 C

B 玫瑰花園
Dining Room

青銅山豬雕像

下沉花園
A

咖啡廳

入口

花卉種子&禮品商店

羅斯噴泉

P

下沉花園 A
Sunken Garden

園內的第一大看點。「下沉」為低窪之意，將過去的石灰石礦坑建造成一個碗狀的花園。觀景台的景致別有一番風情。

→走到觀景台的樓梯後，來到被日本楓樹包圍的羅斯噴泉。晚上會點燈

CHECK

●英式下午茶
園內餐廳於12～15時提供英式下午茶(冬季暫停供應)。需事先預約。

●伴手禮
園內的紀念品店販售以園內花卉為主題的周邊商品。

←雪花玻璃球
C$10.99

Dining Room

data ☎250-652-8222
图11時30分～15時、17～20時 休冬季

→青蛙擺設
C$9.99

日式庭院 C
Japanese Garden

位於玫瑰花園旁，穿過鳥居就可以來到日式庭院。知名的喜馬拉雅藍罌粟花於春天尾聲時開花。

開花年曆

維多利亞的日照時間較長，冬天不會下雪，花卉於2月就開始陸續盛開。

2月～	三色堇、水仙花
3月～	銀蓮花、報春花、紫羅蘭
4月～	風信子、櫻草花、銀蓮花、忘憂草
5月～	鬱金香、歐丁香、菖蒲、龍膽花
6月～	玫瑰、秋海棠、樓斗菜

2 內港

Inner Harbour MAP P72A1

四季繽紛花卉的散步步道

位於市中心，維多利亞觀光的起點區域。內港沿岸有著裝飾著四季花藍的步道，非常美麗。附近有省議會大廈等眾多觀光景點。沿著步道往西走就會到達漁人碼頭（→P76）。

data 図❶觀光服務處步行即到

↑享受海港的美麗景致
→點燈後的夜景非常浪漫

↓炸魚薯條 C$10起

Red Fish Blue Fish

MAP P72C2

↑位於面海的好位置

維多利亞的知名美食

充滿英國傳統風味，維多利亞的知名美食炸魚薯條。天氣晴朗時，使用廢棄貨櫃的餐車前會排滿購買午餐的客人。

data 図❶觀光服務處步行3分 ⬚1006 Wharf St. ☎250-298-6877 ⏰11～19時（週五～日為～20時）⊘11～1月

← C$6.50 鮪魚捲

→包含刺繡線和布料的DIY十字繡材料包

DELFT TULIP

---

3 政府街

Government St. MAP P72C2

繁華的市中心

背對省議會大廈從內港往北走，就會來到維多利亞的發源地——堡壘廣場，再往前走就是唐人街。路上有Roger's Chocolates等許多老字號名店。

data 図❶觀光服務處步行1分

CHECK

來搭乘觀光渡輪！

特別推薦搭乘渡輪欣賞海港美景。內港內共有15個乘船處。票價C$5起。詳情請參照🔗http://victoriaharbourferry.com

Button & Needleword

MAP P72C1

挖寶！可愛手工藝品

販售大大小小的鈕釦及繡線等DIY裁縫用品。喜歡製作手工藝者的天堂。Heritage十字繡材料包C$10起等。

data 図❶觀光服務處步行6分 ⬚Trounce Alley 614 View St. ☎250-384-8781 ⏰9時30分～17時30分（週日為12～17時）⊘無休

↑藏在巷弄中的可愛小店

Roger's Chocolates

MAP P72C2

充滿歷史風情的巧克力專賣店

堅守傳統製作方法的名店

於1885年開業至今，充滿歷史的巧克力專賣店。包了各種口味奶油的大顆巧克力、與招牌的維多利亞奶油口味各C$2.79。

data 図❶觀光服務處步行4分 ⬚913 Government St. ☎250-881-8771 ⏰9時30分～19時 ⊘無休

←可愛的格紋包裝

Sam's Deli

MAP P72C2

↑三明治加上咖啡約C$7左右
→為自助式點餐

深受當地人喜愛的熟食店

用餐時間總是大排長龍的名店。自行挑選食材及麵包，現場製作的三明治C$4.25起，分量十足。湯品及沙拉建議一起品嘗！

data 図❶觀光服務處步行1分 ⬚805 Government St. ☎250-382-8424 ⏰7時30分～19時（週六為8～19時、週日為9～19時）⊘無休

Keyword 4 英式下午茶
Afternoon Tea

享受優雅的午茶時光

加拿大最具英國風情的維多利亞，飯店、餐廳及咖啡廳等都有提供各式各樣的下午茶。配上三明治和司康餅，分量十足。留點肚子前往品嘗吧。

↑富麗堂皇的The Fairmont Empress
→使用三層架的傳統風格。應從最底層開始品嚐

The Fairmont Empress
MAP P72C2

↑在優雅的氛圍享用。避免穿著太過休閒前往

維多利亞最正統下午茶

代表維多利亞的最高級飯店。於1樓大廳可以品嘗到正統的英式下午茶。傳統的三層式，每位C\$53（5〜9月C\$65。需事先預約）。

data 交｜觀光服務處步行即到
住｜位於The Fairmont Empress內（→P77）☎250-389-2727
時｜12時〜15時45分L.O. 休｜無休

CHECK

還推薦這裡！英式下午茶

White Heather MAP P71B2

data 交｜觀光服務處前往車程8分 住｜1885 Oak Bay Ave. ☎250-595-8020 時｜10〜17時 休｜週日、一 需預約

Venus Sophia MAP P72A1

data 交｜觀光服務處車程3分 住｜540 Fisgard St. ☎250-590-3953 時｜10時〜17時30分（下午茶時間為11〜17時，下午茶時間為11〜16時）休｜週二（7、8月無休）

Keyword 5 巷弄漫步
Alley Stroll

欣喜雀躍的巷弄探險

遊逛市中心，讓人忍不住想走進去一探究竟的巷弄有兩條。一條為唐人街的番攤里，另一條為與政府街交會的飛龍巷。兩條街都別有一番風味。

→於政府街轉彎後即到

飛龍巷
Trounce Alley
MAP P72C1

可愛的開花小巷

被煤油燈及花籃點綴的可愛小巷，藏有許多小店。鈕釦招牌相當吸睛的Button & Needleword（→P74）便位於此。

data 交｜觀光服務處步行7分

番攤里
Fan Tan Alley
MAP P72C1

←Fantan Café旁的小路便為番攤里

充滿神秘的窄小巷弄

位於唐人街中心，最窄的一段僅有90cm寬。過去盛行賭博，現在已經成為個性派生活雜貨店等商店聚集的觀光勝地。

data 交｜觀光服務處步行12分
→隨處可見中國風的招牌
←窄小巷弄中有許多獨特商店

CHECK

傳統市場

具有歷史的堡壘廣場於4月底〜9月底的每週四〜日及國定假日會舉辦公共市集。匯集許多手工藝品、食材等商店，邊走邊逛逛充滿樂趣。

data →P76

📷 觀光景點 MAP P72-A1

皇家B.C.博物館
The Royal BC Museum 必見

透過獨特的展出
介紹B.C.省的自然與歷史

位於省議會大廈旁的博物館。三層樓的展廳分別展出B.C.省的自然、文化與歷史，範圍涵蓋很廣。利用圖騰柱及原住民面具等文物，從原住民的生活、拓墾時代一直到現代的B.C.省歷史，透過視覺清楚地展現出來。展示1800年代的街景復刻模型的摩登歷史藝廊及冰河時期的化石展廳自然史藝廊，都不可錯過。

⬆1F設有IMAX影院
➡不要忘了逛逛博物館商店

DATA
🚇🚶觀光服務處步行5分 🏠675 Belleville St. 📞250-356-7226 🕐10～17時(6～9月的週五、六為10～22時) 🚫無休
💰C$16(IMAX影院門票為C$11.95)

[30～120分]

乘坐馬車遊逛花街

要不要乘坐馬車遊逛美麗的維多利亞，欣賞四季百花盛開的美景？從內港、碧根山公園等市區各點出發的皇家馬車之旅，全程約60分鐘C＄185（視行程而異）。最多可以乘坐6位。

Victoria Carriage Tour
📞250-383-2207/1-877-663-2207(北美州免費專線)

📷 觀光景點 MAP P72-A1

省議會大廈
Legislative Assembly of BC

如同宮殿般富麗堂皇
維多利亞的地標

於1898年建成，為B.C.省的市議會。位於內港，面積寬廣，是維多利亞的地標。華麗的羅馬式建築外觀與內部華麗的彩繪玻璃，宛如歐洲宮殿般富麗堂皇。有提供免費導覽（全程30～45分鐘，僅限9～5月的平日）。晚上整棟建築都會點上霓虹燈飾，氣氛十分羅蒂克。

⬆一整排的青銅half圓屋頂
➡如畫般美麗的羅馬式建築

DATA
🚇🚶觀光服務處步行5分 🏠501 Belleville St. 📞250-387-3046 🕐9～17時
🚫冬季的週末 💰免費參觀

[～30分]

📷 觀光景點 MAP P72-A1

漁人碼頭
Fisherman's Wharf

迎著海風漫步

內港西側有一整排色彩鮮豔的水浮屋Floating House，其所在位置就是漁人碼頭。有很多間輕食餐廳，如炸魚薯條名店Barb's Place等。一到夏天就人潮洶湧，並因為可以看到海獅，所以十分出名。

DATA
🚇🚶觀光服務處步行15分
🏠Fisherman's Wharf

[～30分]

📷 觀光景點 MAP P72-C1

海洋博物館
The Maritime Museum of BC

具有百年以上的歷史

介紹B.C.省航海歷史的博物館。探險家繞地球一圈時乘坐的大型獨木舟及船隻引擎，都將其復刻成模型，以動態方式呈現出來。

DATA
🚇🚶觀光服務處步行5分
🏠634 Humboldt St.
📞250-385-4222 🕐10～17時
🚫冬季的週日、一 💰自由捐贈

[30～120分]

📷 觀光景點 MAP P72-C1

堡壘廣場
Bastion Square

維多利亞的起源地

1843年James Douglas於此地建立維多利亞碉堡，而成為維多利亞的起源地。廣場周邊的歷史建築原封不動地保留了原來的外觀，內部改裝成咖啡廳及商店，非常繁榮。

DATA
🚇🚶觀光服務處步行5分
🏠Bastion Square

[～30分]

📷 觀光景點 MAP P72-C2

模型博物館
Miniature World

體驗「格列佛」的感覺

微型模型博物館。展出世界最大規模的鐵路模型和娃娃屋，以及耗時11年製作完成的世界最小木材工廠等，連細節都非常精巧細緻的模型讓人讚嘆不已。

DATA
🚇🚶觀光服務處步行2分
🏠649 Humboldt St. 📞250-385-9731 🕐9～17時(5～9月為9～21時)
🚫無休 💰C$15

[～30分]

🌐世界遺產 ⭐必看景點 📷絕佳景觀 ⏳～30分 約30分 ⏳30～120分 30～120分 ⏳120分以上 120分以上
🍴有餐廳 🏊有游泳池 💪有健身房

觀光景點 MAP P72-A1

雷鳥公園
Thunderbird Park

圖騰柱聳立於公園中

位於皇家B.C.博物館旁。園內聳立著許多圖騰柱，運氣好的話可以看到藝術家現場創作的樣子。園內的漢默肯之屋是B.C.省現存最古老的房子。

DATA 🕐~30分

🚶‍‍觀光服務處步行6分 🏠675 Belleville St.(位於皇家B.C.博物館內) 🕐自由參觀 💰免費

購物 MAP P72-C1

Markey Square

充滿風情的紅磚建築

一整排的商店將中庭環繞起來，由2層樓的紅磚小屋群組成的購物中心。於18世紀後半建造的倉庫街，充滿風情。有許多個性派商家入駐。

DATA

🚶‍觀光服務處步行6分 🏠560 Johnson St. ☎250-386-2441 🕐10～17時(週日為11～16時) ※視店鋪而異 🚫無休

觀光景點 MAP P72-C1

唐人街
Chinatown

感受一下當年的中國移民潮

政府街與飛龍巷交叉口附近即為唐人街。五顏六色的中文招牌與入口處的大拱門等，讓人好像來到另一個世界。午餐時段可以來這一帶的餐廳享用港式飲茶。

DATA 🕐30~120分

🚶‍觀光服務處步行15分

美食 MAP P72-A1

Don Mee

道地風味的老字號餐廳

位於唐人街內，提供廣東菜和四川菜。中午推薦港式飲茶。有60種以上的點心以推車方式供人選擇。

DATA

🚶‍觀光服務處步行12分 🏠538 Fisgard St. ☎250-383-1032 🕐11～22時(週五為11～24時、週六為10～24時、週日為10時～22時) 🚫無休 💰C$10～ C$20～

觀光景點 MAP P72-A2

Emily Carr故居
Emily Carr House

回溯Emily Carr的過往足跡

加拿大最具代表性的女畫家Emily Carr的故居。跟隨從英國移居的雙親一起來到維多利亞，於1863年建造此屋。現為Emily Carr史料博物館，有對外開放參觀。

DATA 🕐~30分

🚶‍觀光服務處步行15分 🏠207 Government St. ☎250-383-5843 🕐11～16時 🚫5～9月的週日、一、10～4月 💰C$6.75

購物 MAP P72-C2

The Bay Centre

愛好購物者的天堂

位於市中心的大型購物中心。共約90間的休閒品牌聯合在此服務，頂樓4樓設有美食街。若觀光時累了不妨進來找間餐廳坐下休息。

DATA

🚶‍觀光服務處步行4分 🏠1150 Douglas St. ☎250-952-5690 🕐10～19時(週四～五為10～21時、週日為10～18時。視店鋪及時期而異) 🚫無休

觀光景點 MAP P72-A2

碧根山公園
Beacon Hill Park

綠意盎然的公園

位於市區南側與美國隔海相望，如同維多利亞市民的綠洲。加拿大橫貫公路的起點Mile Zero便位於此。金氏世界紀錄中最高的39m圖騰柱也位於園中。公園裡還有鳥類保護區。

DATA 🕐~30分

🚶‍觀光服務處步行12分

飯店 MAP P72-C2

The Fairmont Empress

維多利亞的地標

優雅的建築，是維多利亞最具代表性的飯店。客房內裝也十分豪華。可以於1樓享用正統英式下午茶，度過優雅的午後時光。(→P75)

DATA

🚶‍觀光服務處步行2分 🏠721 Government St. ☎250-384-8111 🕐夏季S T C$400～、冬季S T C$200～

魁達洛古堡

由煤炭大亨Robert Dunsmuir於1890年出錢建造。Robert Dunsmuir在古堡建成之前便逝世。共有4層樓39個房間，可以前來一窺當時的富豪生活。

🚶‍觀光服務處車程5分 🏠1050 Joan Crescent ☎250-592-5323 🕐10時～16時30分(6月15日～9月6日為9～19時) 🚫無休 💰C$13.95 MAP/P72-B1

維多利亞海域時常出現虎鯨、海獅、鯨魚等海洋生物。運氣好的時候，在步道散步時也可以看到。

溫哥華搭乘巴士2.5小時

一年四季都樂趣無窮的山區度假村

惠斯勒 Whistler

MAP P130A3

擁有高山、湖泊、森林等地理優勢的自然度假村。冬天滑雪、夏天健行等，可以體驗各種活動。小而充實的城區，短期住宿也移動方便。

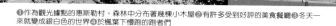

❶作為觀光據點的惠斯勒村。森林中分布著幾棟小木屋❷有許多受到好評的美食餐廳❸冬天一來就變成銀白色的世界❹於楓葉下慢跑的跑者們

從溫哥華前往的Access

●巴士 於溫哥華巴士總站（MAP P133-B3）搭乘Greyhound Canada巴士約2小時30分，C$17～35，每天有4個班次。也可以從溫哥華國際機場搭乘SkyLink巴士，夏季每天6班、冬季每天8班。會經過Fairmont Hotel等飯店。

於冬天滑雪季季營運的SNOWBUS，每天有2班（週五為3班）。來回車資為C$76，搭配纜車車票套裝為C$180起。 www.snowbus.com

※亦可從溫哥華搭乘火車到惠斯勒，請洽 https://www.rockymountaineer.com/

Information

觀光服務處 MAP P78A2
Whistler Visitor Information Centre

巴士站步行1分 4230 Gateway Dr. 604-935-3357 8～22時（冬季時間視情況變動）無休／●惠斯勒觀光局 www.whistler.com/（英文網站）

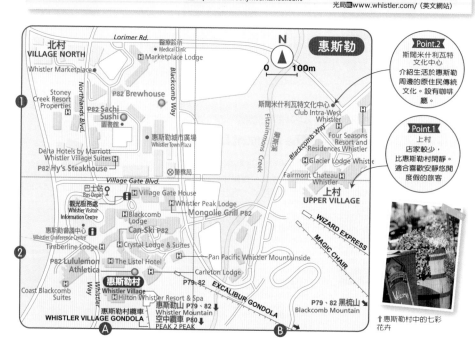

惠斯勒

Point.2
斯闊米什利瓦特文化中心
介紹生活於惠斯勒周邊的原住民傳統文化。設有咖啡廳。

Point.1
上村
店家較少，比惠斯勒村閒靜。適合喜歡安靜悠閒度假的旅客

北村 VILLAGE NORTH
Lorimer Rd.
醫療診所 Medical Clinic
Marketplace Lodge
Whistler Marketplace
Stoney Creek Resort Properties
P82 Brewhouse
Northlands Blvd.
Blackcomb Way
P82 Sachi Sushi
圖書館
惠斯勒城市廣場 Whistler Town Plaza
Delta Hotels by Marriott Whistler Village Suites
P82 Hy's Steakhouse
Fitzsimmons Creek
斯闊米什利瓦特文化中心
Club Intra-West Whistler
Four Seasons Resort and Residences Whistler
Glacier Lodge Whistler
Fairmont Chateau Whistler
上村 UPPER VILLAGE
Village Gate Blvd.
警察局
巴士站 Bus Depot
Village Gate House
觀光服務處 Whistler Visitor Information Centre
Whistler Peak Lodge
Blackcomb Lodge
Mongolie Grill P82
WIZARD EXPRESS
MAGIC CHAIR
惠斯勒會議中心 Whistler Conference Centre
Can-Ski P82
Timberline Lodge
Crystal Lodge & Suites
P82 Lululemon Athletica
The Listel Hotel
Pan Pacific Whistler Mountainside
Carleton Lodge
Coast Blackcomb Suites
惠斯勒村 Whistler Village
Hilton Whistler Resort & Spa
惠斯勒山 P79、82 Whistler Mountain 空中纜車 P80 PEAK 2 PEAK
P79、82 EXCALIBUR GONDOLA
P79、82 黑梳山 Blackcomb Mountain
Whistler Way
WHISTLER VILLAGE GONDOLA
惠斯勒村纜車

0 100m
N

↑惠斯勒村中的七彩花卉

暢遊惠斯勒 Keyword 3

① 惠斯勒村
Whistler Village
徒步區內設施豐富。不管是美食還是購物都能盡享樂趣。

② 2大滑雪山
Top 2 Ski Mountain

惠斯勒山與黑梳山共有約200條以上的滑雪路線，為北美規模最大。

③ 冬季人氣戶外活動
Activity

雪上摩托車、直昇機滑雪、馬雪橇等盡情體驗雪上活動。

惠斯勒 1 day Trip

惠斯勒村

Keyword 1

Whistler Village MAP P78A2

假期中的主要據點

分為惠斯勒村、北村、上村三個區域。共有300間以上的商店及餐廳進駐。徒步區內禁行車輛，可以安心於村中漫步暢遊。

↑夏季的每週三、日會舉辦農夫市集
↓時常舉辦活動，氣氛熱鬧

❶綠意盎然的春夏季景色也美不勝收❷悠閒品嚐咖啡的遊客❸惠斯勒村內全為徒步區

Keyword 2 2大滑雪山

Top 2 Ski Mountain MAP P78A~B2

滑雪愛好者的夢想之地

包圍度假村的兩大高山惠斯勒山與黑梳山。兩座山上的滑雪道竟多達200條以上。可從惠斯勒村搭乘纜車前往滑雪場，途中隨時可以出發滑行，充滿絕大魅力。
（→P82）

www.whistlerblackcomb.com（惠斯勒／黑梳山滑雪度假村）

↑於開闊感十足的滑雪道滑行

↑相連的雙峰擁有多條滑雪道
→來往惠斯勒山及黑梳山之間的纜車

還有還有！

冬天推薦活動 除了滑雪與滑雪板，特別推薦在台灣體驗不到的雪上活動！難得來一趟一定要盡情暢遊！

雪上摩托車
有專用車道，可以從森林中一直開到湖泊

雪鞋
穿著雪鞋，在厚重的雪地上散步遊逛

越野滑雪
全長90km的奧運會場。另有套裝行程可供選擇

直昇機滑雪
從纜車到不了的高處，體驗滑行粉雪上的感覺

※詳情請參閱惠斯勒觀光局（→P78）及惠斯勒／黑梳山滑雪度假村官方網站

Keyword 3 夏季人氣戶外活動
Popular Activities

來到山頂欣賞一覽無遺的遼闊美景

一年365天都充滿樂趣

惠斯勒的冬季運動相當出名，但惠斯勒的夏季活動也充滿魅力。惠斯勒村就位於大自然之中，有超級豐富的活動可以在綠意盎然的自然中體驗感受。在有限的時間內，盡量玩透透吧！

↓惠斯勒的山頂觀景台

←山頂上終年殘雪

登山健行 Hiking

任何人都可以輕鬆體驗

惠斯勒山周邊有正統登山路線與輕鬆的散步步道等多種健行路線可供選擇。也可以搭乘纜車前往山頂，或參加有導遊隨行的觀光行程。根據自己的體力及喜好來選擇吧。

驚險刺激度	★★★☆☆
美景度	★★★★☆
難易度	★☆☆☆☆

data [洽詢資訊] The Adventure Group Whistler
☎1 855-824-9955 💰視行程而異
🌐http://tagwhistler.com/

乘坐「PEAK 2 PEAK」制霸兩座山頂

連接惠斯勒山及黑梳山各山頂的纜車名為PEAK 2 PEAK，全長約4.4km，全程11分鐘，最高點為離地436m。搭乘纜車就可以不需要再次下山，直接從山頂前往另一個山頂。

data 🕐10〜17時 🈳無休（9月底〜10月初的週一〜週五公休）💰一日券C$49.95（惠斯勒山、黑梳山纜車皆可搭乘）
MAP P78A2

搶先知道 / 惠斯勒登山健行ADVICE

交通方便
從惠斯勒中心部可以步行走到纜車乘車處。在山上轉乘纜車便可盡享空中散步及登山健行之樂。

標高差距大
惠斯勒中心部標高600m，周圍的山群標高2000m。要小心留意氣壓及氣溫上的變化。

右側通行
狹窄的步道遇到從對向來的登山客時，要記得靠右side走。被禮讓時也不要忘記說聲謝謝。

←騎馬前要仔細聽好訓練師的說明

騎馬 Horseback Riding

坐在馬背上感受大自然

可以和馬近距離接觸，也可以從和平時不同的視線角度欣賞景色。這裡的馬都很親人，初學者也可以安心騎乘。6歲以上〜。

data [洽詢資訊] Whistler Adventure Ranch ☎604-905-9868 💰2小時C$79〜
🌐www.adventureranch.net

新鞋NG！要穿好走慣用的鞋

刺激度	★★☆☆☆
美景度	★★★☆☆
難易度	★★☆☆☆

※洽詢資訊為當地主要旅行社，費用為參考。觀光行程大多要事先預約，行前請先確認。

好！一口氣下山囉

↑ 奔馳於起伏劇烈的地形

越野登山車
& 自行車兜風 Mountain Bike

乘風而行

惠斯勒度假村周邊有一條35km長的自行車道「Valley Trail」。搭乘纜車前往山頂，從山頂騎下車的中～高級越野路線也有數條，選擇豐富。

data [洽詢資訊] Whistler Mountain Bike Park 📞1-800-766-0449 💰1日租金C$36.99～ 🌐bike.whistlerblackcomb.com

刺激度	★★★★☆
美景度	★★★☆☆
難易度	★★★☆☆

← 欣賞生氣勃勃的自然景觀

一提到惠斯勒的夏天…

惠斯勒的冬天代表活動是滑雪，夏天就是越野登山車。有許多國際性比賽於惠斯勒舉辦，路線正規，吸引非常多愛好者造訪。

高空滑索 Ziptrek

試過之後就會愛上

吊在連接惠斯勒山與黑梳山之間的繩索上，以時速60km最長距離600m的距離一口氣向下滑。結合了驚險刺激與自然生態美景。

data [洽詢資訊] Ziptrek Ecotours 📞1-866-935-0001 ⏱約2小時30分鐘C$119～ 🌐www.ziptrek.com

↑ 像泰山一樣在森林中遊走

← 驚險刺激讓人渾然忘我

泛舟 Rafting

合力挑戰！

遇到急流時要全部組員團結一致，乘風破浪。泛舟區域為切卡穆斯湖與埃拉霍河，根據自己的程度選擇適合的河川。

data [洽詢資訊] Wedge Rafting 📞604-932-7171/1-888-932-5899 ⏱約4小時30分鐘C$99～ 🌐www.wedgerafting.com

一定要綁好安全帶哦

這裡為起點

刺激度	★★★★☆
美景度	★★☆☆☆
難易度	★★★☆☆

刺激度	★★★★★
美景度	★★☆☆☆
難易度	★★★☆☆

還有還有！

夏天推薦活動

露營 Camp

設有許多個露營場，設備也相當充足。冬天多數不開放。 data [洽詢資訊] 可上 Tourism Whistler網站查詢 🌐https://www.whistler.com/activities/camping/

釣魚 Fishing

有機會釣到大魚，不過基本上都是釣到後隨即放生。 data [洽詢資訊] Whistler Fishing Guide 📞604-932-4267 💰半天1位C$285(2位以上每位C$190～) 🌐www.whistlerfishingguides.ca

獨木舟&皮划艇
Canoe&Kayak

一邊欣賞美景，一邊平穩地順流而下。 data [洽詢資訊] Buckroad Whistler 📞604-932-3111 ⏱1小時C$17.50/人 🌐www.backroadswhistler.com

高爾夫球 Golf

從惠斯勒度假村步行即可到高爾夫球場。 data [洽詢資訊]Chateau Whistler Golf Club 📞604-938-2092 💰C$99起(15時以後為C$69起) 🌐www.fairmont.com/whistler/golf

 觀光景點 MAP P78-A2

惠斯勒村
Whistler Village
必見

位於山腳的度假區

多數餐廳、購物中心、飯店皆集中於惠斯勒村的正中心。設有觀光服務處與纜車乘車處。到了夏季，中央廣場上會舉辦許多熱鬧非凡的活動。（→P79）

DATA 🚠30～120分
🚶‍♂️觀光服務處步行即到

觀光景點 MAP P78-A2

惠斯勒山
Whistler Mountain
必見 🚠

擁有絕佳自然地形的滑雪路線

共有200條以上滑雪路線的超大型滑雪場。從惠斯勒村搭乘纜車約20分鐘即可到達山頂。山頂的滑雪路線適合高級滑雪者。夏季可以享受登山健行的樂趣。（→P80）

DATA 🚠120分
🚶‍♂️觀光服務處到惠斯勒村纜車乘車處步行10分 📞1-800-766-0449

觀光景點 MAP P78-B2

黑梳山
Blackcomb Mountain
必見 🚠

設有滑雪板公園

緊鄰惠斯勒山，利用1609m的標高差距來打造出刺激有趣的人氣滑雪場。從初學者到滑雪高手都能盡享滑雪樂趣。豪斯登冰河Horstman Glacier可以體驗夏季滑雪。（→P79）

DATA 🚠120分以上
🚶‍♂️觀光服務處到Excalibur纜車乘車處步行10分 📞1-800-766-0449

 美食 MAP P78-A2

Mongolie Grill

選喜歡的食材在鐵板上拌炒

蒙古烤肉餐廳。從眾多肉類、海鮮、蔬菜等中挑選出自己喜歡的，店家會以大鐵板幫忙拌炒，還可以選擇喜歡的調味料。

DATA
🚶‍♂️觀光服務處步行2分 🏠201-4295 Blackcomb Way 📞604-938-9416 🕐11時30分～22時 🈳無休 💰🌙C$15起🌆C$20起

美食 MAP P78-A1

Sachi Sushi

必吃招牌壽司捲

光壽司捲就有20種以上的口味。花工費時的原創壽司捲很受當地人喜愛。除了壽司之外也提供豐富餐點。還有日本酒調酒可以品嘗。

DATA
🚶‍♂️觀光服務處步行5分 🏠106-4359 Main St. 📞604-935-5649 🕐12～14時、17～22時 🈳週六～週一中午 💰🌙🌆C$15起

美食 MAP P78-A1

Hy's Steakhouse

正統派牛排

起源於卡加利的牛排館。充滿低調沉靜的高級感。除了牛排以外，還可以品嘗到生蠔、龍蝦、螃蟹等美味海鮮。

DATA
🚶‍♂️觀光服務處步行5分 🏠4308 Main St. 📞604-905-5555 🕐17～22時 🈳無休 💰🌆C$60起

美食 MAP P78-A1

Brewhouse

戶外活動後來這裡喝一杯

惠斯勒唯一一家自製啤酒，共有5種口味。提供各種比薩等適合下酒的輕食。平時會直播運動比賽，氣氛相當輕鬆熱鬧。

DATA
🚶‍♂️觀光服務處步行7分 🏠4355 Blackcomb Way 📞604-905-2739 🕐11時30分～24時（週末為11時30分～翌日1時）🈳無休 💰🌙C$15起🌆C$20起

購物 MAP P78-A2

Can-Ski

惠斯勒地區商品最齊全

滑雪＆滑雪板的專賣店。也有販售印有惠斯勒梳山LOGO的原創周邊商品。服飾、配件選擇豐富。提供滑雪板維修，讓人感到安心。

DATA
🚶‍♂️觀光服務處步行1分 🏠4253 Village Stroll 📞604-938-7755 🕐9～22時（夏季為10～18時）🈳無休

購物 MAP P78-A2

Lululemon Athletica

時尚的瑜珈服

加拿大的瑜珈服專門店。使用親膚材質，穿著舒適，方便活動，兼具時尚流行的設計。售有瑜珈墊、配件等商品種類豐富。

DATA
🚶‍♂️觀光服務處步行2分 🏠118-4154 Village Green 📞604-938-9642 🕐10～20時（週末為9～20時）🈳無休

---

082 🔴需事先訂位

Canadian Rockies

加拿大洛磯山脈

於哥倫比亞冰原（→P92）
享受大雪車與冰河散步

大自然的鬼斧神工

加拿大洛磯山脈一目瞭然

南北貫穿北美大陸西部的洛磯山脈。
位於加拿大境內的部分稱為加拿大洛磯山脈。
因翡翠湖泊冰冰河等充滿魅力的自然景觀而聞名。

世界遺產

「加拿大洛磯山脈自然公園群」於1984年被列為聯合國世界自然遺產。當中包含4座國家公園及3座省立公園。總面積約2萬3000km²。擁有3000m級雄偉高山與冰河、生意盎然的針葉森林、瀑布、峽谷等,最原始的自然風光。

加拿大洛磯山脈 觀光常識

1 由4座國家公園所組成

由班夫國家公園、賈斯珀國家公園、庫特尼國家公園、優鶴國家公園及三座B.C.省的省立公園所組成。門票C\$9.80(購買後直到翌日16時前有效),可以自由前往4座國家公園。一般而言跟團的團費都包含門票在內,若是自由行的旅客請在公園入口購票。

賈斯珀國家公園
賈斯珀
哥倫比亞冰原
羅伯森山省立公園
漢博省立公園
B.C.省
優鶴國家公園
庫特尼國家公園
阿西尼博因山省立公園
班夫國家公園
亞伯達省
露易絲湖
班夫
N

2 觀光據點

南北相連的加拿大洛磯山脈,南側門戶為班夫國家公園(→P98),北側為賈斯珀國家公園(→P106),位於中間點的是露易絲湖(→P102)。三個點可以分別作為各區觀光的據點。

●從溫哥華前往的交通方式
加拿大洛磯山脈的空中門戶為卡加利機場。目前台灣沒有直飛卡加利機場的航班。從溫哥華搭乘國內線班機航程約1小時20分鐘。長程巴士車程約半天。喜歡悠哉移動的旅客可以選擇搭乘觀光列車VIA鐵路洛磯山登山者號(→P95)前往。

3 必訪2大觀光景點

哥倫比亞冰原→P91、92
從1萬年前的冰河時期殘留至今的大冰原。是除了北極以外,北半球最大的冰原。

露易絲湖→P89、102
美不勝收的冰河湖,翡翠綠的湖水被譽為「加拿大洛磯山脈的寶石」。

1.欣賞夢蓮湖的自然美景　2.遇見生活在洛磯山脈的野生動物
3.規模僅次於南極大陸的哥倫比亞大冰原　4.露易絲湖的絶美翡翠綠湖面　5.班夫為洛磯山脈的門戶城市　6.高山植物欣欣向榮的陽光草原

4 要跟團還是自駕自由行？

跟團 提供飯店來回接送的各種自選觀光行程，可透過電話或網頁向當地旅行社預約。　→P112

自駕自由行 租車自駕可以隨心所欲的到各處觀光。租車公司的車子不多，觀光旺季時，班夫、賈斯珀等地可能租不到車，可以前往卡加利等鄰近都市租借。加油站也不是很多，途中記得勤加油。行前最好先確認好路況，避開封閉路段。

5 觀光季節＆服裝建議

觀光旺季為夏季 於冬天結凍的湖泊要到6月中才會完全融化，6月中～8月為最適合觀光的季節。熱的時候高溫接近30度，但有時也會突然下雪。10月份開始降雪季來臨，11月份為滑雪季。

服裝、行李建議 山上的氣候變化多端。夏天時白天溫暖，晚上及清晨時氣溫會一口氣下降，風衣、刷毛毛套等禦寒衣物一定要攜帶。山區陽光強烈，建議攜帶太陽眼鏡與帽子等。

6 跟著我這樣玩！

登山健行 登山健行步道完備，自由行也能安心暢遊。若是想要認識自然生態與文化歷史，可以參加當地觀光行程。　→P104、105

戶外活動 騎馬、騎自行車、獨木舟＆皮划艇、釣魚……等，山區活動豐富。難得造訪一定要盡情玩透透！

注意這裡！

動物 為避免破壞生態，禁止餵食動物。途中看到動物也請勿靠近。

垃圾 避免野生動物誤食垃圾，請將垃圾及廚餘丟到設置的垃圾桶或自行帶走。

小心野生熊 若要進入設有「熊出沒注意」標誌的路線，請數人結伴同行。一定要攜帶驅熊鈴。

加拿大洛磯山脈

區域導覽
Area Navi

熱鬧繁榮的觀光門戶城市班夫，有著湖畔的山區度假村露易絲湖，先來認識一下洛磯山脈的觀光重點城市及景點吧。

---

1 Banff MAP P130A3 地圖背面-D4

班夫

位於班夫國家公園中心處，加拿大洛磯山脈國家公園中最大的城市。班夫大道後面聳立著喀斯開山脈，觀光旺季時，觀光客眾多，熱鬧無比。高級飯店The Fairmont Banff Springs位於市區南邊郊區。

CHECK!
●班夫大道（→P99）
●瀑布花園（→P99）
●弓河瀑布（→P99）
●硫磺山（→P99）

住宿據點＞＞＞留宿班夫前往洛磯山脈觀光

---

2 Lake Louise MAP P86A2 地圖背面-D4

露易絲湖

加拿大洛磯山脈的兩大觀光勝地之一。享有「加拿大洛磯山脈的寶石」美譽的美麗湖泊。露易絲湖身後聳立著挾帶冰河的維多利亞山。湖泊周邊只有山區度假村，沒有城鎮。

CHECK!
●露易絲湖（→P103）
●The Fairmont Chateau Lake Louise（→P104）
●登山健行（→P105）

住宿據點＞＞＞露易絲湖或班夫

SNARING 16　　梅耶特溫泉 Miette Hot Springs

LUSCAR　Cadmin　FOOTHILLS

瑪琳峽谷 P107
Maligne Canyon

白馬荒地省立公園
Whitehorse Wildland Provincial Park

MOUNTAIN PARK

3 賈斯珀 P106
Jasper

惠斯勒山 P107
Whistlers Mt.

▲3608 Mormot Min

▲3130 Mt. Balinhard

Brazeau River

Mt. Edith Cavell & Angel Glacier
Albabasca Falls

瑪琳湖 P107
Maligne Lake

▲3268 Mt. Unwin

93

▲3470 Mt. Brazeau

Blackstone River

賈斯珀國家公園
Jasper National Park

諾德格
Nordegg

Hooker Icefield

冰原公路 Icefield Parkway

Athabasca

Abraham Lake

Mt. Michener ▲2337

漢博省立公園

P91、93 冰川天空步道
Glacier Skywalk

Mt. Columbia ▲3747

阿薩巴斯卡冰河 P92
Athabaska Glacier

Mt. Cline ▲3361

P91、92 哥倫比亞冰原 5
Columbia Icefield

P91 哭牆
Weeping Wall

薩斯喀徹溫河交叉口 P91
Saskatchewan Crossing

洛磯山脈 Canadian Rockies

Lyell Icefield

不列顛哥倫比亞省
BRITISH COLUMBIA

P91 Waterfowl Lakes

Freshfield Icefield

Mt. Willingdo ▲3373

P91 水鳥湖
Snowbird Glacier

P90 佩托湖
Peyto Lake

P90 弓湖
Bow Lake

P94 塔卡考瀑布
Takakkaw Falls

Wapta Icefield

P90 雪鳥冰河
Crowfoot Glacier

Donald Station

P94 螺旋隧道
Spiral Tunnel

P94 翡翠湖
Emerald Lake

P102 露易絲湖
Lake Loui

2

Golden

P94 自然橋
Natural Bridge

P103、105 阿格尼斯湖

Kicking Horse

優鶴國家公園
Yoho National Park

Columbia River

6　P89、103 露易絲湖
1

P102 夢蓮湖
Moraine Lake

Vermi

P94

Parson

Marble Canyon ▲

Spillimachen

Purcell Mountains

Duncan River

95 Vermili Crossi

Brisco

Edgewater 瑞迪恩
Radium Hot Spri
Radium Hot Springs

A

3 Jasper MAP P130A3 背面-B2

賈斯珀

加拿大洛磯山脈的國家公園中面積最大的賈斯珀國家公園，賈斯珀便位於園內。以南北延伸的康諾特街為中心，比起班夫規模較小，但是一個充滿悠閒風情的城市。

CHECK!
- 瑪琳峽谷 (→P107)
- 惠斯勒山 (→P107)
- 瑪琳湖 (→P107)

住宿據點>>>賈斯珀

4 Calgary MAP P130A3 背面-F4

卡加利

人口超過100萬人，為亞伯達省規模最大的城市。1988年舉辦過冬季奧運。距離洛磯山脈山腳約80km，從班夫搭乘巴士前往約1小時40分。其卡加利機場為洛磯山脈的空中門戶而廣為人知。

CHECK!
- 卡加利塔 (→P111)
- 格林堡博物館 (→P111)

住宿據點>>> 卡加利(通常不留宿，直接前往洛磯山脈)

5 Columbia Icefields

哥倫比亞冰原 MAP地圖 背面-C3

加拿大洛磯山脈的最大看點。乘坐大雪車冰原探險號，前往冰原，夏季也能體驗冰雪世界。

住宿據點>>>班夫或露易絲湖

6 Yoho National Park

優鶴國家公園

加拿大落差最大的瀑布塔卡考瀑布及翡翠湖兩大熱門景點。大家通常會順道造訪夢蓮湖。 MAP地圖 背面-C4

住宿據點>>>班夫或露易絲湖

7 Kootenay National Park

庫特尼國家公園

大理石峽谷等千變萬化的自然景觀充滿魅力。天然的瑞迪恩溫泉相當知名。 MAP地圖 背面-D5

住宿據點>>>班夫

景點滿載！

加拿大洛磯山脈
標準路線

聳立的山峰和大大小小的瀑布河川、翡翠色湖泊、以及壯
觀的大冰河，飽覽大自然的無限魅力。有多條觀光路線可
以選擇，從班夫出發較能有效率移動。

1.一望無遺的卡斯開山
2.露易絲湖 3.行走在冰原上

參加了跟團行程！

1 班夫
　↓ 巴士30分
2 城堡山
　↓ 巴士30分
3 露易絲湖
　↓ 巴士40分
4 鴉腳冰河
　↓ 巴士5分
5 弓湖
　↓ 巴士5分
6 佩托湖
　↓ 巴士5分
7 雪鳥冰河
　↓ 巴士25分
8 水鳥湖
　↓ 巴士25分
9 哭牆
　↓ 巴士25分
10 哥倫比亞冰原
　↓ 巴士10分
11 冰川天空步道
　↓ 前往班夫車程3小時

行程資訊

〈班夫出發〉哥倫比亞冰原之旅（英語導覽）
Columbia Icefield from Banff with Ice Explorer
●時間…8時出發，全程10小時15分　●時期…5～10月中(2017年為5月1
日～10月14日)●標高…約1900m　●費用…C$238
●出發時間…Fairmont Banff Springs 7時35分、Brewster's Mountain
Lodge7時45分、Brewster Transportation Centre8時(另有停靠其他飯店)
●主辦…Brewster ☎1-800-760-6934(英語)　🔗www.explorerockies.com

11 冰川天空步道
Glacier Skywalk

N

往賈斯珀
93
冰原公路
Icefield Parkway

Mt. Cline
▲3361
阿薩巴斯卡冰河
Athabasca Glacier

10 哥倫比亞冰原
Columbia Icefield

Saskatchewan River Crossing
Saskatchewan Crossing

哭牆 9
The Weeping Wall

Mt. Willingdon
▲3373

水鳥湖 8
Waterfowl Lakes

班夫國家公園

雪鳥冰河 7
Snowbird Glacier

5 弓湖
Bow Lake

佩托湖 6
Peyto Lake

Mt. Hector
▲3394

4 鴉腳冰河
Crowfoot Glacier

塔卡考瀑布

螺旋隧道

翡翠湖

自然橋

3 露易絲湖
Lake Louise

阿格尼斯湖

城堡山
Castle Mountain

弓谷
Bow Valley

一日遊就能
充分暢遊
加拿大
洛磯山脈

優鶴
國家公園

夢蓮湖

朱砂岳

弓谷公園大道
Bow Valley Parkway

1 班夫
Banff

往卡加利

大理石峽谷

庫特尼
國家公園

95
93

標準路線

洛磯山脈的觀光據點
位於足足有6641km²大的班夫國家公園中心部，為加拿大洛磯山脈的南入口。主要道路班夫大道（→P99）上有很多餐廳及商店，參加觀光行程建議以此地為據點，十分方便。

↑位於山間的班夫小鎮，雖然不大，但已為洛磯山脈周邊最大規模。

車上導覽

2 城堡山
（Castle Mountain）　MAP 地圖 背面-D4

險峻的山峰讓人印象深刻
受到冰河長期侵蝕，形成險峻的山壁。因令人聯想到歐洲古城的樣貌而得其名。

←標高2766m，石灰岩山壁絕景在洛磯山脈也是數一數二震撼壯觀

1.湖岸盛開的四季花卉美景 2.隨處都是必拍美景 3.神秘的藍色湖泊

View point

3 露易絲湖
（Lake Louise）　MAP 地圖 背面-D4

被譽為「洛磯山脈的寶石」
加拿大洛磯山脈最美麗的湖泊。長2km、寬500m，最深處為90m。湖後方聳立著維多利亞山。瞬息變化的翡翠色湖面美不勝收。（→P102）

Column

洛磯山脈的5種類型

1 書桌型
如：藍道山 Mount Rundle
西南側為和緩的斜面，東北側則為絕壁型斜面。

2 犬齒型
如：伊迪絲卡維爾山
Mount Edith Cavell
垂直的岩層受到侵蝕，未被侵蝕的部分就形成了尖塔形而留存下來。

3 鋸齒型
如：鋸背山
Sawback Range
西南側受到風雨侵蝕，呈現出如同數條小溪谷般的鋸齒狀。

4 城堡型
如：城堡山
Castle Mountain
平地受到擠壓出現皺折而形成山峰，可以觀察到其下方地層。

5 角型山
如：阿西尼博因山
Mount Assiniboine
受到山峰側面的冰河侵蝕，於是各側邊形成尖塔般的三角形。

→以深藍色的冰河而聞名。洛磯山脈的冰河多以外觀來命名

4 鴉腳冰河
Crowfoot Glacier　MAP P86A2 地圖 背面-D4

藍白閃耀的「烏鴉腳印」

冰河宛如烏鴉留下的腳印，Crowfoot Glacier 即為「烏鴉腳印」的意思。1940年發現當時有三隻指頭，現在受全球暖化影響，只剩下兩隻指頭。

5 弓湖
Bow Lake　MAP P86A2 地圖 背面-D4

弓冰河的融水湖

班夫國家公園內第三大的湖。弓冰河融化流淌形成了弓湖。觀光行程中不下車，僅於車上瀏覽。

←↓流經班夫的弓河源頭位在此處。湖畔旁設有Num-Ti-Jah Lodge旅館

→此湖而以此命名 1896年探險家Bill Peyto發現

傳聞佩托湖形狀彷彿一隻站立的熊

從冰原公路眺望景色

View point

6 佩托湖
Peyto Lake　MAP P86A2 地圖 背面-D4

如夢似畫般優美

夏天呈現鈷藍色，秋天為翡翠綠，湖泊顏色會隨季節變換。受到從佩托冰河沖積而來的沉澱物影響，隨著日照及時間改變，湖面顏色會出現變化。觀光行程中有安排前往觀景台欣賞壯觀美景。

Column

洛磯山脈的形成

1 誕生

在1億2000萬年前的地殼變動影響下，北美大陸下的板塊從海底隆起形成洛磯山群。其山頂受到風雨侵蝕而崩落，為和緩的圓弧形。流經山間的河流漸漸將山與山之間區隔開，形成V字型的溪谷。

2 形成期

經歷數次的冰河期，山與山之間覆蓋了厚重的冰層。約在11000年前冰河期結束，從標高較高的高山上，冰河流入周圍的山谷間，遇到溪谷便形成U字型的冰原，遇到山間的低窪地便形成冰原。原本圓弧形的山頂受到冰河侵蝕，成為險峻的山峰。

3 現在

標高較高的溪谷往U字型溪谷流入的支流形成瀑布或溪谷。有許多冰河還存留於北邊的山腰及低窪地，其冰河融化造就出充滿魅力的美麗冰河湖。現在受到地球暖化影響，冰河一年比一年後退中。哥倫比亞冰原於這10年來後退了20m，鴉腳冰河也失去了一隻烏鴉腳趾。

垂直絕壁近在
眼前非常壯觀

容易遇見松鼠
等可愛小動物

車上導覽

7 雪鳥冰河

(Snowbird Glacier) 地圖 P86A2 背面-C4

如同展開雙翼般的冰河

彷彿飛鳥展開雙翼降落般的形狀而得
其名。山壁上的冰河是洛磯山脈當中
數一數二的珍貴美景。

← 冰河緊貼著帕特森山山巔展
開，沿路景色非常震撼壯觀

← 過去為一個大湖，
現已分成兩個小湖

車上導覽

8 水鳥湖

(Waterfowl Lakes) 地圖 P86A2 背面-C3

由2個湖泊所組成

分別為上水鳥湖及下水鳥湖。下水鳥湖為冰河
湖，面積雖小卻十分優美。湖後方為金字塔型的
雪佛倫山。觀光行程中不下車，僅於車上瀏覽。

車上導覽

9 哭牆

(Weeping Wall) 地圖 P86A1 背面-C3

融化滲出的雪水沿著
山壁流下

西拉斯山頂上的雪融化
後，雪水沿著垂直的絕壁
流下，看起來彷彿山壁在
哭泣一般。

↓絕壁斷崖上流下的雪
水宛如眼淚般。冬季會
結凍

薩斯喀徹溫河交叉口 地圖 P86A1 背面-C3
Saskatchewan Crossing

位於班夫與賈斯珀的
正中間，冰原公路與
11號公路交叉口。

← 廣闊無涯的冰雪世界。
從周圍的山間吹來冷峻的
寒風

觀光焦點

10 哥倫比亞冰原

(Columbia Icefield) 地圖 P86A1 背面-C3

洛磯觀光最大的亮點

北半球內僅次於北極圈的大型冰原。行程中會乘坐
大雪車冰原探險號前往阿薩巴斯卡冰河。(→P93)

View Point

11 冰川
天空步道

地圖 P86A1 背面-C3

(Glacier Skywalk)

彷彿置身於空中的絕景觀景台

從懸崖峭壁外伸出的觀景台「Discovery
Vista」眺望出去，可以將洛磯山脈的壯觀美景
盡收眼底。

※觀光行程的自由活動時間及拍照時間僅供參考。實際情
況視團員人數及路況而異。若是想要自由觀光，建議可以
租車自駕(→P118)。不過，夏天也有可能會下雪，要
小心道路凍結。請先確認好當地資訊再行出發。

搭乘大雪車「冰原
險號」去冰原漫步

僅次於北極圈的最大規模!

哥倫比亞冰原
漫步

Let's GO!

哥倫比亞冰原覆蓋於
標高3747m的山頂上,
分流成6條冰河流出。
觀光行程中會造訪
其中一條阿薩巴斯卡冰河。

哥倫比亞冰原 (Columbia Icefield)　MAP P86A1　地圖 背面-C3

歷經4次的冰河期所形成的冰原,面積最大時曾延伸到卡加利地區。●總面積…325㎢(約為22座綠島) ●最高標高點…3747m ●平均標高…3000m ●最深度(推算)…365m ●年間平均降雪量…7m ★阿薩巴斯卡冰河 Athabasca Glacier／總面積…6㎢ ●全長…6km ●冰層厚度…90～350m ●標高…2700m

How to 冰原漫步

※從班夫前往車程3小時,
從露易絲湖前往車程2小時

1 於 Glacier Discovery Centre購票

搭乘接駁巴士5分

2 乘坐大雪車冰原探險號出發

搭乘冰原探險號15分

3 漫步在冰原上

※搭車回到班夫車程3小時、
回到露易絲湖車程2小時

1 於Glacier Discovery Centre購票

Glacier Discovery Centre位於冰原公路沿線賈斯珀與班夫正中間。觀光巴士與小客車都只能止步於此,需要轉乘大雪車冰原探險號。自由行的旅客請於此處購票,並乘坐接駁巴士前往搭車處。

在這裡購票

➡可以遙望到阿薩巴斯卡冰河

觀光行程資訊

冰河探險
(大雪車之旅)

從冰原中心Icefield Center出發。全程1小時20分。5月1日～10月16日出團。每15～30分鐘會有一班接駁車 C$94 403-760-6934(Brewster)※另有從班夫、露易絲湖、賈斯珀出發的觀光行程
www.explorerockies.com

露易斯湖與哥倫比亞冰原1日觀光

先出發至弓湖,再到哥倫比亞冰原搭乘大雪車冰原探險號,最後來到冰川天空步道。全程11小時。4月～10月出團 C$250 403-762-5366(Banff guide Service)※從班夫出發
www.banffguideservice.com/(日文)

哥倫比亞冰原冰上漫步之旅

於阿薩巴斯卡冰河上散步。可以盡享坐在大雪車上欣賞不到的風光。可以悠閒漫步於冰原上。全程11小時。5月28日～10月2日出團 C$300
Banff guide Service(請參照左欄)

※以上皆為2016年的資訊

服裝及行李建議
●好走止滑的鞋 ●防風上衣 ●太陽眼鏡 ●望遠鏡

2 乘坐大雪車冰原探險號出發

於冰原中心Icefield Center搭乘專用接駁車，前往冰原前的車站轉乘大雪車冰原探險號，來到阿薩巴斯卡冰河的中央。

Point 冰原探險號是什麼？

重達19.5t，最高時速42km，直徑1.5m，帶有6個寬幅1m的車輪，在32度的斜坡也能輕鬆前進。💰來回票價C$56.95

高3.86m

全長13m

CANADA

車內長這樣

可以坐56位

Column 還可以這樣

喝喝看

有些地方的冰河融化成水，冰河水可以飲用，不妨嘗試喝一口看看！

走走看

想要更多體驗冰河樂趣的話，可以參加冰河健行。各家旅行社都有推出不搭乘大雪車，直接步行造訪冰河的行程（→P92）。

↑步行距離為10～12km 全程約需3～4小時

3 漫步在冰原上

抵達冰原中央，從大雪車冰原探險號下車後，眼前是一整片廣闊無涯的冰雪世界。藍白閃耀的冰河，讓人彷彿置身於1萬年前冰河時期的地球上。夏天的冰河呈現冰沙狀。

天晴時日照強烈，最好攜帶太陽眼鏡

冰川天空步道 Glacier Skywalk ｜MAP P86A1 地圖 背面-C3

在受到冰河數千年來的侵襲而形成的險峻絕壁辛華達谷上，建造了一座向外延伸的觀景台。可以向下眺望深280m的谷底，或是欣賞眼前無垠的冰河及山峰絕佳美景。
🚍Glacier Discovery車程10分 📞1-866-606-6700
🕙10～16時（視時期延長營業時間） 🚫10月3日～4月14日
💰C$31.95
※盡量事先預約

Column 冰原的構成

❶哥倫比亞冰原 ❷冰隙（冰河上的深溝）❸邊緣附近的冰隙 ❹中央的冰隙 ❺冰河最前端 ❻冰河的融水 ❼冰河融水形成的湖泊（辛華達瀑布）❽冰河支流 ❿冰磧（冰河沖積沈澱物）⓫側面的冰磧

每年降下的雪經年累月的堆積，超過30m之後，下層就會壓縮成塑膠狀的冰層。再反覆經歷積雪之後，會從谷闊溢出形成冰河後流出。冰河是由12m的積雪加上1cm的冰層所組成，1年平均會移動15m左右。近年來受到全球暖化的影響，冰河在逐漸減少當中。

還推薦這裡！
優鶴國家公園
&夢蓮湖之旅

優鶴國家公園擁有生意盎然的自然景觀，
與充滿神秘色彩的藏青夢蓮湖。
介紹給喜愛秘境的你。

1 螺旋隧道
(Spiral Tunnel) MAP 地圖 P86A2 背面-D4

位於踢馬隘口的這個隧道，是加
拿大太平洋鐵路工程中施工最困
難的一段。

Point
什麼!?8字型的隧道!?
為了通過這段陡峭險峻的地形，
此段隧道以8字型建造，充滿特
色。如果剛好遇到列車通過，就
真是太幸運了！

2 塔卡考瀑布
(Takakkaw Falls) MAP 地圖 P86A2 背面-D4

轟隆隆的大水流水花四濺，
高254m，為加拿大最大的
瀑布，非常壯觀震撼。

5 夢蓮湖
(Moraine Lake) MAP 地圖 P86A2 背面-D4

由冰河流積物堆積而成
的神秘湖泊。湖後矗
立著十峰山谷。

4 翡翠湖
(Emerald Lake) MAP 地圖 P86A2 背面-D4

優鶴國家公園中最大的
湖泊。可以體驗獨木舟
及遊湖等樂趣。

3 自然橋
(Natural Bridge) MAP 地圖 P86A2 背面-D4

受到河流經年累月的侵蝕而形成
的石橋。下方為湍急的河流。

優鶴國家公園
Yoho National Park
MAP 地圖 P86A2 背面-C4

壯觀的自然景觀充滿魅力

優鶴為原住民語「畏懼」之意。嚴峻陡
峭的谷間，轟隆作響的大瀑布，以前的
人們見到如此壯觀的自然景觀，不禁感
到十分畏懼震撼吧。洛磯山脈的四座國
家公園中，優鶴國家公園為面積最小的
一座。不過標高3000m的高山群，景色
非常壯闊。有不少觀光行程都會加入班
夫國家公園的夢蓮湖，組成配套行程。

data ⊠班夫車程1小時30分、露易絲湖車程30分
☎250-343-6783(Yoho Information Center)
開休自由參觀 金門票C$9.80(購買後直到翌日16時
前有效) ⊕www.pc.gc.ca

→觀光地開發
較晚，因此保
留了較原始的
風貌

跟團的話更輕鬆♪
優鶴國家公園一日遊
(班夫或露易絲湖出發)

[洽詢資訊]
Navi Tour溫哥華分公司(→P112)
日語導遊同行。最少成行人數為2人。
6～10月初出團。
金全程8小時30分 金C$160

經典路線 1～5的所需時間約3小時

1 螺旋隧道	→	2 塔卡考瀑布	→	3 自然橋	→	4 翡翠湖	→	5 夢蓮湖
車程15分		車程20分		車程5分		車程40分		

從班夫前往螺旋隧道車程約1小時30分，從夢蓮湖回到班夫車程約1小時30分

N

螺旋隧道
弓湖
塔卡考瀑布
鴉腳冰河
翡翠湖
露易絲湖
Lake Louise
自然橋
菲爾德
Field
優鶴國家公園
夢蓮湖
▲城堡山
Castle Mountain
班夫
Banff
弓谷公園大道
Bow Valley Parkway

0   20km

column

悠閒盡享壯觀的自然美景

VIA鐵路 加拿大人號之旅

一邊欣賞瞬息變換的窗外景致，
一邊感受放慢腳步的樂趣，
這正是鐵路之旅的魅力。忘卻柴米油鹽的
日常生活，享受一下奢侈的悠閒時光吧。

可以欣賞洛磯山
群的絕景路線

1.清爽的藍灰色火車在大自
然中奔馳 2.設有睡舖的
Sleeper Plus 3.Sleeper
Plus的乘客可以於餐車享用美
食 4.景觀車輛的玻璃透明
天花板，充滿開闊感

VIA Rail Canada

VIA鐵路 加拿大人號
The Canadian

透過車窗盡享洛磯山脈美景

溫哥華～多倫多車程約4天3夜，加拿大唯
一的橫貫特急列車。穿越壯闊的洛磯山脈，
橫跨大草原，行經東部的湖區，全程充滿千
變萬化鬼斧神工的自然景觀。當中最受歡迎
的路段為溫哥華～賈斯珀。被日出染紅的洛
磯山脈美景連筆墨也難以形容。設有附腳踏
板的經濟艙座位及睡舖型的Sleeper Plus。
Sleeper Plus附餐飲。

data 📞1-888-842-
7245（北美州免費專
線）出發時間、出
發日期請參照時刻表
溫哥華～賈斯珀●經
濟艙C$175起●
Sleeper Plus C$345
起 http://inter
national.viarail.ca/cn/
（簡體中文網站）

時刻表	每週二、五、日營運	
20:30出發	溫哥華	09:42抵達
6:00抵達 6:35出發	甘露市	23:44出發 23:09出發
16:00抵達	賈斯珀	14:30出發

※11月1日～4月27日僅
週二週五發車

賈斯珀　5小時30分
19小時30分　艾德蒙頓
甘露市　10小時30分　班夫
10小時　13小時
溫哥華　卡加利
10小時

■VIA鐵路 加拿大人號 ■洛磯山登山者號

Point
鐵道旅遊的規定
大行李箱不可放置在座位旁。寄存行
李後到下車前都不能取得，因此盥洗
用具等請事先拿出來分裝到隨身行李
中。車廂內全面禁煙。夏天為旅遊旺
季，建議提早預約。

還有這種列車！

洛磯山登山者號
Rocky Mountaineer Rail Tours

溫哥華～加拿大洛磯山脈的豪華
觀光列車，車程約2天1夜。從溫
哥華出發，有前往班夫或
賈斯珀兩條路線。為夏
季限定列車。於甘露
市飯店留宿。前往優
鶴國家公園及冰河等
豐富景點。

→列車奔馳於羅布森森山間

經常遇見的動物們

洛磯山脈
動物&

加拿大馬鹿 Elk

被加拿大原住民稱為「白屁股」的草食性動物。主要活動於山腰間的森林及草原。9～10月份常會出沒於班夫或賈斯珀的路上。

腳印

我意外的脾氣兇暴，要小心哦

特徵
身長 約230～270cm
體重 約330kg（雄）
角 只有雄馬鹿有角，每年2月左右舊的角會脫落，春天會長出新的角
毛 脖子到頭部為深咖啡色，屁股周圍為米白色。

觀察時的注意事項
ATTENTION

・不要過於靠近
・禁止餵食
・遇到動物親子同行時不要靠近
・不要發出大聲響、不要驚嚇動物

駝鹿 Moose

大型草食性動物。擅長游泳，時常出現在河川或濕地等水邊。

我在河流或濕地旁邊哦

特徵
身長 約250～300cm
體重 約200～825kg
角 雄性的鹿角為平面向分叉的大角
毛 黑褐色

腳印

我們都10～50隻一起團體行動哦

大角羊
Bighorn Sheep

在高山或山腰處的岩石處、草原活動。喜歡10～50隻一起集體行動。夏季時雌羊會往高山處移動，雄羊與小羊會留在山腰處。時常出沒於冰原公路、明尼汪卡湖畔、朱砂湖畔等地。

北美山羊
Mountain Goat

活動於岩山及斷崖等地。雖名為山羊，但其實是羚羊的同伴，又名為雪羊。

我們是羚羊的好朋友

腳印

這是雄羊的角！

特徵
身長 約130～190cm
體重 約60～140kg（雄）
角 微彎的尖銳細角，長約15～25cm左右。**毛** 全身長滿像奶油鬆軟溫暖的體毛。脖子和屁股附近為鬚毛狀。

特徵
身長 約170cm
體重 約120kg（雄）
角 雄羊的角粗，捲曲於耳朵旁。雌羊的角較短。**毛** 灰褐色。屁股周圍為白色。夏天會換毛。

腳印

洛磯山脈
花卉圖鑑

於登山健行途中會遇見的加拿大洛磯山脈可愛花卉。雪融之後一直到夏季為最佳賞花期，豐富花卉讓旅客們目不暇給。

❀ 出現率最高的4種花！ ❀

夢幻草
Yellow Columbine

耬斗菜屬植物，6～8月會開出黃色的花。多開於阿格尼斯湖畔。

野生天芥菜
Wild Heliotrope

花期為7～8月。剛開花時呈現粉紅色，之後會漸漸退為白色。有濃烈香味。

歐洲白頭翁
Western Anemone

5～6月份會開出奶油色的大花瓣。一輪草屬植物。

北極罌粟
Arctic Poppy

多生長於山地的礫石區。罌粟屬植物。可以長到5～10cm，花期為7～8月。

上的
花卉圖鑑

位於壯闊自然生態中的加拿大洛磯山脈，
是野生動物與高山植物的寶庫。登山健行、遊逛
景點或是走在市區路上，都有可能遇見他們。
先來認識一下吧。

> 我最喜歡蒲公英了

洛磯山脈的兩大天王

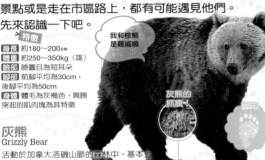

> 我和棕熊是親戚哦

特徵
- 身長 約180～200cm
- 體重 約250～350kg（雄）
- 臉部 臉圓且有短耳朵
- 腳部 前腳平均為30cm，後腳平均為50cm
- 身體 體毛為灰褐色，肩膀突起的肌肉塊為其特徵

灰熊
Grizzly Bear

活動於加拿大洛磯山脈的森林中。基本上是草食性，但是個性兇殘具攻擊性。不擅長爬樹，但短距離移動速度很快。

> 灰熊的抓痕！

黑熊
Black Bear

活動於山谷及山腰間。性格沉穩，但生性膽小，一旦受到驚嚇會變得兇暴，要小心。吃果實、莓果、小動物等雜食性。

特徵
- 身長 約170cm
- 體重 約170kg（雄）
- 臉部 臉長且為長耳朵
- 腳部 比灰熊短小
- 身體 體毛為黑色，肩膀上沒有肌肉塊

可愛小動物與其他動物們

> 我會匹～的大聲哭哦

鼠兔 Pika
會發出高音鳴叫的愛哭兔。耳朵小小的和哈姆太郎一樣。

土撥鼠
Marmot
矮矮胖胖的松鼠科動物。活動於山岳地區的岩石處。

> 你聞起來好像很好吃哦

郊狼 Coyote
比灰狼體型小，擁有一雙大耳朵。是犬科的哺乳類動物。為了安全請不要靠近。

雪鴞
Snowy Owl
居住於北極圈附近苔原地區的大型貓頭鷹。活動於草原、濕地、岩石處等地。

白尾長耳大野兔
White-Tailed Jackrabbit
野兔的一種，活動於草原、森林中。體型比一般兔子大，跑得較快。

海狸
Beaver
活動於森林中的夜行性動物。擅長游泳。警戒心強，很難遇見。

❀ 還有這些！洛磯山脈的花卉 ❀

白球花
White Globe Flower
與金蓮花為同種，待雪融化之後會開出白色花瓣。

山金車花
Arnica
有濃烈香味，為菊科植物。可以作成藥草治療瘀傷而聞名。

阿爾卑斯毛茛
Alpine Buttercup
花瓣中間為帶有光澤的黃色花。為毛茛科多年生小草本。

印第安人彩筆花
Indian Paintbrush
外型像是印度安人繪圖時所使用的彩筆而得其名。根據生長地方的不同，花瓣顏色也不同。

藍鈴花
Common Harebell
為紫斑風鈴草的一種。其花名具有「風鈴」的可愛涵意。多開於朱砂湖周邊。

象頭花
Elephanthead
於7～8月開出紫紅色花瓣的高山植物。外型如同眾多大象頭齊聚一堂般。

費城百合
Western Wood Lily
開出鮮豔的橘色或紅色花瓣，與百合為同種。

壯闊美景與街區漫步
班夫 Banff

MAP P87B2 別冊 P畫面-04

作為加拿大洛磯山脈的
觀光據點而聞名。
洛磯山脈周邊最大的城鎮。
繁華大街班夫大道上餐廳、飯店林立。

①如城堡般佇立於森林中的
H The Fairmont Banff
Springs飯店②從班夫大道上
眺望喀斯開山脈景色③陽光
草原上欣欣向榮的高山植物
美景（→P105）④硫磺山上
的空中纜車

暢遊班夫 Keyword 3

① 班夫大道 Banff Avenue

北邊聳立著喀斯開山脈的班夫大道為班夫最具代表性的風景。可以享受美食及購物樂趣。

② 硫磺山 Sulphur Mountain

搭乘讓人驚心動魄的纜車來到山頂，班夫周邊的山群一覽無遺。若來到班夫千萬不要錯過。

③ 瀑布花園 Cascade Gardens

位於班夫的中心，為有名的攝影景點。美麗花卉與洛磯山群是必拍景致。

交通方式

於卡加利中心搭乘Greyhound Canada巴士，車程約1小時40分。或於機場站搭乘Brewster Bus車程約2小時。於溫哥華搭乘Greyhound Canada巴士，車程13小時30分。搭乘觀光列車「洛磯山登山者號」（→P95）也可以抵達班夫。從巴士總站步行到市中心約10分鐘。

Information

🛈 觀光服務處
Banff Information Centre
🏠 224 Banff Ave.
📞 403-762-1550/8421 營9～19時（初夏為9～18時、冬～春季為9～17時）休無休
MAP P98A2

Point

於旅遊旺季時，班夫大道周邊熱鬧非凡。觀光服務處也人潮洶湧。

步行建議

南北延伸的班夫大道為主要道路。喀斯開廣場到弓河瀑布約600m的這一段為中心，步行即可走完。要前往山區或湖區，需搭乘公共巴士、觀光巴士或租車自駕。

市區交通

Banff Public Transportation（通稱Roam）公共巴士為市民的代步工具。共有市區及硫磺山、隧道山等4條路線。營運時間為6時15分～23時31分，約40分鐘一班。車資為均一票價C$2。

★ 經典路線 ★

車程5分 班夫市區 車程5分
朱砂湖 弓河瀑布 車程10分
車程10分 洞穴與盆地國家歷史古蹟 硫磺山
車程10分

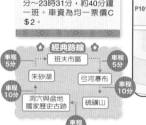

班夫地圖A區
N 0 100m
Elk St.
Banff Avenue
Beaver St.
Wolf St.
P100 Cascade Shops
P100 Earl's
Pika Village P101
Brewster's Mountain Lodge P101
觀光服務處 Banff Information Centre
班夫大道 Banff Ave.
Wild Bill's Legendary Saloon P100
Caribou St.
懷特博物館 Whyte Museum P99
Hudson's Bay
Mount Royal Hote P100
P101 Monod Sports
Clock Tower Village Mall
郵局
Le Beaujolais P100
班夫公園博物館
弓河 Bow Riv.
A

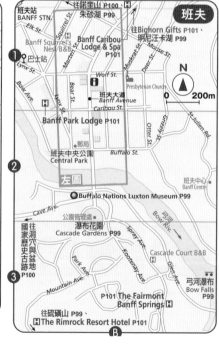

班夫地圖B區
往諾魁山 P100 H
班夫站 BANFF STN. 朱砂湖 P99
Elk St. Squirrel St.
Banff Squirrel's Nest/B&B
Banff Caribou Lodge & Spa P101
往Bighorn Gifts P101、明尼汪卡湖 P99
Marten St. Muskrat St. Moose St.
①巴士站
Lynx St. Bear St.
Wolf St.
🛈 Presbyterian Church
班夫大道 Banff Avenue
Caribou St.
Banff Park Lodge P101
Wolf St.
Beaver St. Otter St. Grizzly St. Squirrel Rd.
郵局
班夫中央公園 Central Park
Buffalo St.
左圖
班夫中心 Banff Cent
② Buffalo Nations Luxton Museum P99
Cave Ave.
公園管理處
國家歷史古蹟
往洞穴與盆地
瀑布花園 Cascade Gardens P99
Bow Riv.
Spray Ave. Glen Ave.
Cascade Court B&B
③ P100
Mountain Ave. Park Ave. Kootenay Ave.
P101 The Fairmont Banff Springs H
弓河瀑布 Bow Falls P99
往硫磺山 P99、
H The Rimrock Resort Hotel P101
N 0 200m
班夫
B

觀光景點  MAP P98-A2

班夫大道
Banff Avenue

班夫第一的熱鬧大街

市區中心的繁華大街。約400m
長的街上開滿了許多餐廳與商
店,十分熱鬧。一邊遊逛大街,
一邊欣賞洛
磯山群是最
迷人的散步
行程。

DATA .... ~30分
觀光服務處前就是班夫大道

觀光景點 MAP P98-B3

瀑布花園
Cascade Gardens

將班夫街景盡收眼底
最佳攝影景點

往班夫大道南側前進,渡過弓
河後即可以看到這座市民公
園。園區中間,公園管理事務
局附近是最佳觀景點,可以將
班夫大道與喀斯開山脈一眼望
盡。可以於此拍攝紀念照。綠
意盎然的草地,是提供市民一個
城市綠洲。公園內的花圃從春
夏開始綻放七彩花卉,百花美
景賞心悅目。

↑入口前設有
鴻溝,避免動
物闖入
→紅磚造的公
園管理局

DATA .... 30~120分
觀光服務處步行10分

觀光景點 MAP P98-A3

懷特博物館
Whyte Museum

認識洛磯山脈的歷史

主要展出畫作、雕刻等以洛磯山
脈為主題的作品。設有美術館及
史料館,可以認識洛磯山脈的歷
史及文化。
設有紀念品
商店。

DATA .... ~30分
觀光服務處步行5分
111 Bear St. 403-762-2291
9時30分~18時(冬季為10~17
時) 無休 C$8

觀光景點 MAP P98-B2

Buffalo Nations Luxton Museum

認識當地原住民的生活

館內介紹原住民的住房及生活風
貌等。展示出縫上色彩鮮豔串珠
的豪華服飾與梯皮帳篷等文物,
讓大家認識
洛磯山脈地
區的原住民
文化。

DATA .... ~30分
觀光服務處步行10分 1 Birch
Ave. 403-762-2388 10~19時
(冬季11~17時) 無休 C$10

觀光景點 MAP P87-B2 地圖▶背面-D4

朱砂湖
Vermilion Lakes

透明度超群的湖泊

位於班夫西側的3座湖。有許多
海狸、加拿大馬鹿、郊狼等野生
動物與鳥類生活於此。湖水清澈
透明,能一
眼望進湖底。
還可體驗獨
木舟及釣魚
等樂趣。

DATA .... 30~120分
觀光服務處車程5分

觀光景點 MAP P87-B2 地圖▶背面-D4

明尼汪卡湖
Lake Minnewanka

班夫國家公園內最大的湖

位於班夫北邊約12km處。為公
園內唯一可以使用電動衝浪板
的地方。有很多為釣紅鮭而前
來的釣客。
夏季有觀光
遊覽船。湖
畔旁有數個
觀景點。

DATA .... ~30分
觀光服務處車程20分

觀光景點 MAP P98-B3

弓河瀑布
Bow Falls

 必見

造訪電影名場景

位於The Fairmont Banff
Springs(→P101)飯店附近。
巨大的瀑布,水流閃耀流下的
景致優美。瑪麗蓮夢露主演的
電影「大江
東去」於此
處取景而聲
名大噪。

DATA .... ~30分
觀光服務處步行25分,或搭車
前往車程5分

觀光景點 MAP P87-B2 地圖▶背面-D4

硫磺山
Sulphur Mountain

於大自然中來場空中漫步

位於班夫南側,標高2285m。
山頂的觀景台視野絕佳。乘坐
纜車約8分鐘即可到達觀景台。
山頂站設有
商店及餐廳。

DATA .... 30~120分
觀光服務處車程10分 1-800-
760-6934 10~18時(5月21日~6月
為9~21時、7月~9月5日為8~22時、
9月6日~10月10日為8~19時) 1月
份公休二週 纜車來回C$41.95

 懷特博物館會於夏天舉辦歷史遺居之旅(每天6場)及歷史藝廊之旅(每天5場)等各種活動。可免費參加。

觀光景點 **MAP** P98-B3

洞穴與盆地國家歷史古跡
Cave and Basin National Historic Site

過去為療癒市民的溫泉

據說過去為具有療效的溫泉。展示出溫泉及班夫國立公園的歷史。夏季有舉辦導覽（每天2次，11時及14時30分）

DATA ⏱~30分
🚌觀光服務處車程10分 🏠311 Cave Ave. 📞403-762-1566 🕐10～17時(10月中旬～5月為11～17時) 🈺週一(10月中～5月為週二，夏季無休) 💰C\$3.90

 觀光景點 **MAP** P87-B2 地圖 ▶背面-D4

諾奎山
Mount Norquay

超人氣滑雪場

從班夫可以遠望到的西北方高山，標高2514m。山頂附近設有觀景台，可將街景一望無遺。冬季有接駁巴士，大批追求好雪質的滑雪客爭相造訪，因此相當熱鬧。

DATA ⏱~30分
🚌觀光服務處車程15分

 美食 **MAP** P98-A2

Wild Bill's Legendary Saloon

份量十足的肉類菜色

牛仔裝扮的店員，店內充滿西部風格。特別推薦「胡桃木煙燻牛胸肉」C\$16起。不定時有現場演出。若想體驗特別的氣氛，不妨前來用餐。

DATA
🚶觀光服務處步行3分 🏠201 Banff Ave. 📞403-762-0333 🕐11時～翌2時 🈺無休 💰午C\$12～35

  美食 **MAP** P98-A2

Earl's

提供豐富餐點

提供50種以上餐點的休閒餐廳。想要簡單吃點東西時可以品嘗雞肉三明治或漢堡，若是想要好好享用一頓晚餐，推薦窯烤比薩及亞伯達省牛肉等。

DATA
🚶觀光服務處步行2分 🏠299 Banff Ave. 📞403-762-4414 🕐11時30分～23時 🈺無休 💰午C\$15～晚C\$30起

 美食 **MAP** P98-A3

Le Beaujolais

於舒適居家的環境享用法國菜

大量使用龍蝦、亞伯達省牛肉等產自加拿大的當地食材，每一盤都擺盤精美，提供留下旅行美好回憶的美味餐點。雖為法國菜，但店內氣氛輕鬆居家，提供一個舒適的用餐環境。店內的葡萄酒從法國與澳洲等世界各地採購而來，約有600多種選擇。週末中午也有營業(僅夏季)。

↑使用加拿大食材製作的精美菜色
→可以根據不同預算客制菜單

DATA
🚶觀光服務處步行5分 🏠212 Buffalo St. 📞403-762-2712 🕐11時30分～14時(僅週末)、17～22時 🈺無休 💰午C\$20～晚C\$60起

  購物 **MAP** P98-A2

Hudson's Bay

加拿大的老字號百貨公司

於1670年開業至今的百貨公司。販售眾多精選商品，加拿大產100%天然香皂與楓糖漿等伴手禮種類齊全。還有美妝品及配件類也選擇豐富。

DATA
🚶觀光服務處步行4分 🏠125 Banff Ave. 📞403-762-5525 🕐10～19時(週五、週六為10～21時；冬季時間視情況變動) 🈺無休

  購物 **MAP** P98-A2

Cascade Shops

人氣品牌全到齊
班夫規模最大的複合設施

班夫最大的購物中心，可以盡享美食及購物樂趣。GAP等品牌服飾、流行服飾、生活雜貨、戶外用品等共有30間以上的專賣店進駐。設有販售點心伴手禮等禮品店及餐廳，可以於此地一次買齊伴手禮。地下樓層為咖啡廳與美食街，帶著小孩也可以輕鬆前往的好去處。

↑班夫最繁榮的購物中心，當地人也時常光顧
→中央設有大型天井

DATA
🚶觀光服務處步行5分 🏠317 Banff Ave. 📞403-762-8484 🕐10～20時(週五、週六為10～21時、週日為10～19時；冬季時間視情況變動) 🈺無休

購物 MAP P98-B1

Bighorn Gifts

位於飯店內購物好方便

由一對日本人夫妻所經營，販售親自挑選的精選商品。除了有T-shirt C$9.99等，加拿大伴手禮的種類也十分齊全。

DATA..........
図■觀光服務處步行10分
住201 Banff Ave.
☎403-762-0403 時7時30分～10時30分、16時30分～22時30分（視時期而異） 休無休

 購物 MAP P98-A3

Monod Sports

戶外用品牌的第一把交椅

於1949年創業的戶外用品品牌。由加拿大前奧運滑雪選手Monod兄弟一手創立。除了滑雪用品以外，也有販售登山等戶外運動用品。

DATA..........
図■觀光服務處步行4分
住129 Banff Ave. ☎403-762-4571
時10～20時 休無休

 購物 MAP P98-A2

Pika Village

價格實惠選擇豐富是本店宗旨！

以實惠的價格提供原住民工藝品與鹿皮商品等，商品豐富多樣。楓糖漿等食品類有些也賣得比超市便宜。

DATA..........
図■觀光服務處步行1分 住221 Banff Ave. ☎403-760-2622 時10時30分～21時（冬季為11時～19時30分） 休無休

 飯店 MAP P98-B3

The Fairmont Banff Springs

宛如城堡般的豪華度假飯店

洛磯山脈中規模最大的飯店。於1888年開業至今的老字號。如古堡般佇立於森林深處，成了當地地標。從歐洲風格的優美客房可以近距離眺望洛磯山脈美景。飯店面積廣大，設有高爾夫球場及正統SPA、室內游泳池、網球場等。有提供自行車、滑雪用具租借。幾乎像是一座以飯店為中心的度假村。

↑飯店內餐廳共有5間，可以品嘗美味菜色
→古典的客房充滿沉靜優雅的氛圍

DATA..........
図■觀光服務處車程5分
住405 Spray Ave. ☎403-762-2211
金S C$359起 T C$429起（附早餐） 764室

 飯店 MAP P98-B3

The Rimrock Resort Hotel

擁有最新設備的飯店

靠近纜車乘車處，擁有良好地理位置。裝潢雅緻，客房可以眺望市區夜景及洛磯山脈。附近有散步步道，可以一邊欣賞山景一邊悠閒散步。

DATA..........
図■觀光服務處車程5分 住300 Mountain Ave. ☎403-762-3356
金S C$200起 343室

 飯店 MAP P98-B1

Banff Park Lodge

市區內最高級的飯店

客房床鋪為King Size或Queen Size的大床。設有桑拿、SAP浴池、室內游泳池等。靠近班夫大道交通方便。冬季有提供滑雪場來回接送。

DATA..........
図■觀光服務處步行5分
住222 Lynx St. ☎403-762-4433
金 T C$249起 211室

 飯店 MAP P98-B1

Banff Caribou Lodge & Spa

藍色屋頂的美麗小木屋

以花卉裝飾的可愛小木屋。客房使用楓木家具，營造居家舒適的空間。飯店工作人員也十分親切。住房即贈公共巴士無限搭乘券。

DATA..........
図■觀光服務處步行10分
住521 Banff Ave. ☎403-762-5887
金S C$140起 190室

 飯店 MAP P98-A2

Brewster's Mountain Lodge

山中小木屋

小巧舒適的居家小木屋。挑高的大廳與客房統一使用白色調家具，簡約乾淨。距離班夫大道只需過一個路口，十分方便。

DATA..........
図■觀光服務處步行3分
住208 Caribou St. ☎403-762-2900
金S T C$175起 77室

 於班夫市區時常會遇見加拿大馬鹿（→P96），帶有角的雄馬鹿具危險性，記得不要靠近。達繁殖季時最好保持100m的距離，一般時期也要保持30m的距離。

加拿大洛磯山脈

班夫

閃爍神秘光芒的美麗湖泊

露易絲湖

被譽為加拿大洛磯山脈的寶石。
湖畔旁佇立著如古堡般的飯店，
畫面如夢似幻，美不勝收。

MAP▶P86A2　地圖▶背面-D4

Lake Louise

❶位於森林秘境中的露易絲湖❷從The Fairmont Chateau Lake
Louise眺望的景色❸湖邊散步舒適宜人❹冬季為一片銀白世界

暢遊露易絲湖　Keyword ③

❶ 露易絲湖
Lake Louise

仿佛圍繞著翡翠綠湖泊而聳立的雪山是知名的美景，不妨來趟湖畔漫步。

❷ 登山健行
Hiking

從湖邊出發，約5～7小時的健行路線（→P104），前往高地眺望湖泊景色。

❸ 城堡飯店
Chateau Hotel

佇立於湖畔的白牆城堡飯店 🅷 The Fairmont Chateau Lake Louise是露易絲湖最具代表性的象徵。

交通方式

於班夫搭乘Greyhound Canada巴士或Brewster Bus車程約1小時。會停靠Samson Mall（→P104）等站。於卡加利搭乘Greyhound Canada巴士車程約2小時30分，於卡加利機場搭乘Brewster Bus車程約3小時30分。

Information

🅸 觀光服務處
Lake Louise
Information Centre

🏠位於Samson Mall內　📞403-522-3833　⏰9～17時(7、8月為9～19時、11～4月為9時～16時30分)　🈺無休

MAP▶P102B1

步行建議

湖邊沒有鄉鎮，只有飯店及小木屋的度假型村莊。基本上皆為飯店內購物及用餐。稍微走遠一點有一間Samson Mall（→P104）。

市區交通

沒有大眾運輸可供搭乘，於湖區移動基本上都步行可到。要前往其他區域交通較為不便，建議租車自駕或是跟團前往。

➡在湖面上眺望別具風味的景致。要記得穿上救生衣

★ 經典路線 ★
請參照P105
阿格尼斯湖

及獨木舟樂趣
可以體驗划船

Point.1
可以在Fairview Dining Room一邊眺望湖面美景一邊享用美食

Point.2
觀光服務處與巴士總站皆位於Samson Mall內，為此區最繁榮的商場

露易絲湖

N
0　500m

←往賈斯珀

往露易絲湖觀光纜車 P103 ↗
Post Hotel & Spa Lake Louise P104

🅸 觀光服務處、巴士總站
Lake Louise Visitor Centre
Samson Mall P104

Lake Louise Station Restaurant P103
Lake Louise Junction
Lake Louise Inn

❶ Fairview Dining Room P103
Qiviuk Boutique P103
The Fairmont Store P104
Stone's Jewellery P103
The Fairmont Chateau Lake Louise P104

阿格尼斯湖 往鏡湖 P103・105

Deer Lodge P104

露易絲溪 Louise Creek

Recreation Centre

露營區

❷
Paradise Lodge & Bungalows

露易絲湖 P89、103
Lake Louise

Moraine Lake Rd.
↓往夢蓮湖

Bow River

Lake Louise Dr.

1A
弓谷公園道路 Bow Valley Parkway
1
→往班夫

Ⓐ　Ⓑ

觀光景點　MAP P86-A2　地圖▶背面-D4

露易絲湖
Lake Louise　必見

沈醉在洛磯山脈的寶石美景裡

洛磯山脈中最美的湖泊之一。沈積物受到陽光照射後會反射出藍綠色的神秘色彩。眺望宛如環抱著冰河湖而聳立的維多利亞山，享受湖邊漫步與划船樂趣。

DATA
🚍Samson Mall車程15分　30~120分

觀光景點　MAP P86-A2　地圖▶背面-D4

阿格尼斯湖
Lake Agnes

位於秘境的神秘湖泊

露易絲湖到阿格尼斯湖之間為登山客喜愛的經典路線。被險峻山壁包圍的清澈湖泊，被形容為「雲上之湖」。湖畔有間小木屋風格的Tea House，來這邊吃點東西也不錯。

DATA
🚍露易絲湖步行2小時

觀光景點　MAP P105上

鏡湖
Mirror Lake

如鏡面般的湖泊

前往阿格尼斯湖的路上有一座小湖，大約位在山腰的地方。湖泊正如其名，像鏡面般映照出周圍風景。正面聳立著宛如蜂巢的大蜂巢山。有些喜愛健行的旅客也會前往大蜂巢山，往下眺望周遭美景。

DATA
🚍露易絲湖步行1.5小時

觀光景點　MAP P102-B1

露易絲湖觀光纜車
Lake Louise Gondola

乘坐纜車一口氣前往山上　將湖泊全景盡收眼底

纜車可以搭到標高2673m的白角山山腰。從山腳出發，約14分鐘可以到達高度相差500m的地方。可將露易絲湖、弓冰河、維多利亞冰河等景點一眼望盡。此地又因是灰熊時常出沒的地點而聞名。可於Samson Mall或露易絲湖周邊主要飯店搭乘免費接駁車前往纜車乘車處。

↑有觀光纜車及吊椅纜車兩種可供搭乘
→約14分鐘可到達山腰

DATA
🚍露易絲湖車程15分
🏠Whitehorn Rd.　📞403-522-3555
🕐8~19時(視時期而異)　🚫9月底~4月底
💰來回C$31.95

美食　MAP P102-A2

Fairview Dining Room

欣賞湖景一邊享用美食

融合歐洲各國風味而成的創意菜色，大量使用加拿大當地食材。可以在能欣賞到美麗湖景的靠窗座位享用牛排及海鮮。男士需著Smart Casual式的服裝。

DATA
🚍露易絲湖即到
🏠H位於The Fairmont Chateau Lake Louise(→P104)內　📞403-522-1601
🕐18~21時　🚫無休　💰C$75起

美食　MAP P102-B1

Lake Louise Station Restaurant

回味古早美好時光

將1910年建造的車站改裝而成的餐廳，滿溢著美好的古典氛圍。店內掛有當年的照片，氣氛典雅。午餐的漢堡等餐點很受歡迎。

DATA
🚍露易絲湖車程15分
🏠200 Sentinel Rd.　📞403-522-2600
🕐11時30分~21時30分　🚫11~4月
💰C$15起C$30起

購物　MAP P102-A2

Stone's Jewellery

為最好的親友選購禮物

H位於The Fairmont Chateau Lake Louise內的珠寶飾品店。店主以棲息在洛磯山脈的野生動物為主題所設計的原創飾品很受歡迎，每件商品都很值得收藏。

DATA
🚍露易絲湖即到
🏠H位於The Fairmont Chateau Lake Louise(→P104)內　📞403-522-3800
🕐8~22時(冬季為~21時)　🚫無休

購物　MAP P102-A2

Qiviuk Boutique

優質針織製品

販售棲息在加拿大北極圈內稀有麝牛毛製成的針織品，以及馴鹿的皮製配件等，所有商品都是加拿大製。另有販售英國風格的男女服飾。

DATA
🚍露易絲湖即到
🏠H位於The Fairmont Chateau Lake Louise(→P104)1F　📞403-522-2622
🕐8~22時(冬季為9~21時)　🚫無休

Samson Mall後面即為弓河，可從麵包店旁的小巷前往。

The Fairmont Store
飯店內的禮品店

可以折疊收納的Maggie B包包尺寸齊全，很受歡迎。生活雜貨及點心類也選擇豐富，另有販售印有LOGO的巧克力等Fairmont原創商品。

DATA
🚉露易絲湖即到
🏨位於The Fairmont Chateau Lake Louise（右下）內　📞403-522-3888
🕐8～22時（冬季為9～21時）　休無休

Samson Mall
一次買齊旅行必需品

位於露易絲湖系統交流道下的平價購物中心。規模雖小但商品齊全。留宿於露易絲湖時的旅行必需品都可以在此買到。觀光服務處及巴士總站也位於此。

DATA
📞403-522-3833（觀光服務處）
🕐視店鋪而異

Deer Lodge
大自然懷抱裡的小木屋

擁有可以步行到露易絲湖的良好地理位置。有很多回流客的人氣飯店。大廳營造出居家舒適的空間，讓人放鬆。客房有多種房型可供選擇。

DATA
🚉露易絲湖步行5分
🏨109 Lake Louise Dr.
📞403-522-3991
💰ⓈⓉC$169起　71室

Post Hotel & Spa Lake Louise
在弓河附近優雅的留宿

美麗弓河旁的高級度假飯店。飯店營造出山中小屋的風格，設有SPA及餐廳等，客房也有15種類房型可選。靠近Samson Mall，購物相當方便。

DATA
🚉露易絲湖車程15分
🏨200 Pipestone Rd.
📞403-522-3989　💰ⓉC$315起
88室，獨棟小木屋5棟

The Fairmont Chateau Lake Louise
在神秘的露易絲湖畔度過優雅的時光

於1890年開業至今，佇立於露易絲湖畔。白色牆面外觀讓人印象深刻，是露易絲湖最具代表性的飯店。穿過飾有維多利亞風格優雅裝飾的大廳後，美麗的露易絲湖就在眼前。客房充滿高級又典雅的氣氛。設有游泳池、SPA、餐廳、商店等豐富設施。

⬆露易絲湖區的代表性地標
➡於Fairview Dining Room用餐時可以欣賞到湖景

DATA
🚉露易絲湖即到　🏨111 Lake Louise Dr.　📞403-522-3511　💰ⓈⓉC$319起（視空房狀況而異）　550室

---

column 出發前CHECK!
登山健行的基本知識

想要盡享洛磯山脈的大自然美景，步行漫遊是最好的遊覽方式。記下以下5個重點，我們出發吧！

Point!
行李盡量簡便

1 選擇路線
根據自己的體力、經驗選擇適合的路線。初學者較適合步行距離10km的路線。可於觀光服務處洽詢天氣預報及路況資訊等。

不要靠近

看到野生動物記得不要靠近

2 導遊陪同行程
可以自行登山，也可以參加有導遊導覽的觀光行程。由知識豐富的導遊陪同較為安心，可以輕鬆享受健行樂趣。最後不要忘了給導遊的小費。

3 最佳造訪季節
6～10月為登山健行的最佳季節。7～8月的日照時間長，天氣穩定。雖為夏季也會突然變冷，記得要攜帶禦寒衣物。

4 服裝、行李建議
夏季的氣候變化十分劇烈，要預備好可以應付冷熱天氣以及防風防水的衣物。選擇習慣穿的鞋子。防水上衣及雨衣也不要忘記。

5 禮儀規則
為保留原始生態，國家公園及省立公園禁止將動植物、化石、岩石等擅自攜出。也禁止餵食野生動物。

絕佳景觀　必看景點　～30分大約30分　30～120分30～120分　120分以上120分以上
有著裝規定　需事先訂位　有餐廳　有游泳池　有健身房

column

挑戰登山健行！

Course 1　露易絲湖出發

阿格尼斯湖 Lake Agnes
MAP 地圖 P86-A2 背面-D4

← 大蜂巢山上的眺望景致絕佳

↓ 大蜂巢山 湖邊的茶屋

行程資訊
阿格尼斯湖之旅
[洽詢處]
Alpine Holidays
☎403-762-8139
🕐全程6小時（5月底～10月初）
💰C$150
🌐www.alpineholidays.ca

前往露易絲湖後方秘境

[適合中級者]　[距離]約7km　[步行時間]約4小時

推薦給除了露易絲湖之後，還想要欣賞更多湖泊美景的旅客。以🅷The Fairmont Chateau Lake Louise（→P104）為起點，往飯店船庫反方向走就會看到步道入口。登山途中會來到鏡湖（→P103），可以於湖邊的茶屋稍作休息後返程。也可以繼續往前步行約1小時，來到大蜂巢山俯瞰湖光美景。

皮魯達山
▲小蜂巢山
▲大蜂巢山
茶屋
鏡湖 P103
The Fairmont Chateau Lake Louise
茶屋內有洗手間
阿格尼斯湖步道
GOAL!
阿格尼斯湖
START!
露易絲湖
瀑附近7～8月可以遇見土撥鼠，也是賞花景點
大蜂巢山步道
⋯⋯⋯ 登山健行路線

Course 2　班夫出發

陽光草原 Sunshine Meadows
MAP 地圖 P87-B2 背面-D4

→ 步道平穩易走的

↑盛花季時的整片花海

← Standish Viewpoint 觀景台的景色

行程資訊
陽光草原
高原健行之旅
[洽詢處]
Banff Guide Service
☎403-762-5366
🕐全程7小時（6月底～9月30日）
💰C$180
🌐www.banffguideservice.com

燦爛盛開的高原植物之旅

[適合初學者]　[距離]約8.5km（行經Standish Viewpoint為10.5km）　[步行時間]約3小時30分～

距離班夫西邊約20km處，標高約2200m的Nature Center為起點。路途平穩，讓各種年齡層的人都能輕鬆步行。觀光焦點為花園步道，路途可以欣賞到夏季盛開的高山植物。漫遊3座湖之後返回，路程為8.4km，距離剛好很適合初學者。高級者可以挑戰繼續往Standish Viewpoint觀景台、Monarch Viewpoint觀景台前進。

⋯⋯⋯ 登山健行路線
不列顛哥倫比亞省
亞伯達省
▲阿西尼博因山
岩石島湖
大洞穴步道
花園步道
Sunshine Village
走在步道上可以觀察到許多高山植物
洗手間
Day-lodge Nature Center
START!
Standish Viewpoint
灰熊留下的大洞穴
一到秋天落葉松就會轉紅
洗手間
Laryx Lake
大角羊出沒
Simpson Viewpoint
帝王觀景台
↓往Healy Pass
GOAL!
Grizzly Lake

※觀光行程出團日視天候狀況會有所變動

被高山圍繞的閑靜城鎮

賈斯珀
Jasper

MAP｜P86A1　地圖｜背面B2

位於加拿大洛磯山脈中規模最大的賈斯珀國家公園內，以洛磯山脈北側的門戶城市而聞名。是一個民風純樸的小鎮。

❶賈斯珀擁有壯闊的自然美景❷瑪琳湖美麗的湖光景色❸惠斯勒山的纜車❹冬季的瑪琳峽谷

暢遊賈斯珀　Keyword **3**

❶ 瑪琳湖
Maligne Lake

浮在湖上的精靈島風光，是洛磯山脈的代表性景致之一。

❷ 惠斯勒山
Whistlers Mountain

乘坐纜車一口氣前往山頂。將賈斯珀街景與洛磯山群盡收眼底。

❸ 瑪琳峽谷
Maligne Canyon

洛磯山脈中規模最大的峽谷。從步道往往下一窺壯觀的深谷，震撼無比。

交通方式

於溫哥華搭乘Greyhound Canada巴士車程約10小時30分鐘。於班夫搭乘Brewster Bus車程約5小時。觀光列車「VIA鐵路加拿大人號(→P95)」也可以抵達賈斯珀。於露易絲湖搭乘巴士車程約3小時45分鐘。巴士總站及火車站位於市中心。

Information

📍 觀光服務處
Jasper Information Centre
🏠500 Connaught Dr.
📞780-852-6176 營
9～19時（冬季10～17時。視時期而異） 休
無休
MAP｜P106B3

賈斯珀

Lobstick Lodge
Juniper St.
往閻壽司 P108
The Fairmont Jasper Park Lodge P109
P109 Chateau Jasper
Tonquin Inn P109
P109 Best Western Jasper Inn
Tonquin Prime Rib City P107
Aspen Crescent
Banff Aspen Lodge
Pyramid Lake Rd.
Bonhomme St.
Aspen Ave.
Colin Crescent
Gelkie St.
Patricia St.
Connaught Dr.
Balsam Ave.
16
N
0　100m
Zaffino
Pyramid Ave.
Cedar Ave.
P109 Bear's Paw Bakery　Jasper Pizza Place P107
P109 Astoria Hotel
Sayun Japanese Restaurant P107
露營區
Elm Ave.
觀光服務處
Jasper Information Centre
郵局
Buffalo Betty's Gift P108
棒球場
Ball Park
Whistlers Inn
Athabasca Hotel
賈斯珀站
JASPER STN.
巴士總站
Maligne Ave.
Something Else Restaurant P107
Patricia Galvao Cultural Centre
Miette Ave.
P108 Freewheel Cycle Jasper
Barefoot in the Park P109
Fiddle River Restaurant P108
Tea Leaf Boutique P108
P108 Evil Dave's Grill
Jasper Marketplace
A　　B

市區交通　賈斯珀為小城鎮，半天就能走完。觀光服務處及飯店、餐廳、商店等都匯集於火車站前的康諾街上，十分方便。

步行建議　沒有大眾運輸可供搭乘，不過於市區內移動基本上都步行可到。要前往其他地方可搭乘計程車，或是利用飯店的接駁巴士。

☆ 經典路線 ☆

車程15分　賈斯珀市中心　車程15分
瑪琳峽谷　　　　　　惠斯勒山
車程15分
瑪琳湖

⬇壯闊無際的山景，周邊皆是充滿自然魅力的景點

Point
火車站前的這條街為市中心。賈斯珀多為低樓層的山中小屋，充滿悠閒的風情。

觀光景點　MAP P86-A1　地圖▶背面-C2

瑪琳湖
Maligne Lake

如詩如畫般的湖光美景

因為山崩積石將冰河融水圍起而形成的細長型湖泊。夏季可以搭乘觀光遊覽船，前往湖中小島精靈島上的觀景台賞景，氣氛神秘夢幻。為保護精靈島的環境，只能待在步道區域內。

DATA
🚗市區車程15分　⏱30～120分

觀光景點　MAP P86-A1　地圖▶背面-B2

惠斯勒山
Whistlers Mountain

感受壯闊的自然魅力

搭乘賈斯珀纜車Jasper Skytram約10分鐘，即可到達標高約2300m的觀景台。眺望洛磯山脈及市區街景。設有健行步道可以步行到山頂（單程約30～40分鐘）。

DATA　⏱30～120分
🚗市區車程15分　🚡賈斯珀纜車
Jasper Skytram來回C$37

觀光景點　MAP P86-A1　地圖▶背面-B2

瑪琳峽谷
Maligne Canyon

洛磯山脈規模最大的峽谷

受到瑪琳河11000年來侵蝕而形成的石灰岩峽谷。從橋上的步道往下看，可以看到湍急的河流與壯觀的深谷，十分震撼。可以沿著步道漫步。

DATA　⏱30～120分
🚗市區車程15分

美食　MAP P106-B2

さゆり
Sayuri Japanese Restaurant

想吃日本料理的時候就來這裡吧

提供烏龍麵、蕎麥麵等日式料理。特別推薦便當定食C$29.75～37.95，裡面有炸豬排、照燒雞、亞伯達省牛肉等主菜，加上天婦羅、生魚片等豐富的豪華便當。不僅日本人喜歡，也受到當地人及海外旅客的好評。還有提供加入新鮮海鮮的賈斯珀火鍋C$54.80（2人份）等菜色。

↑店內設有一般座位區、和式座位及壽司吧檯座
→綠色大招牌非常顯眼

DATA
🚶‍♂️觀光服務處步行1分
🏠410 Connaught Dr.　📞780-852-2282
🕐11～14時（僅夏季）、17～22時
🚫冬季不定期公休　💰C$30起

美食　MAP P106-A3

Something Else
Restaurant

輕鬆享用美食

店內為舒適的地中海風格。提供比薩、義大利麵、肉品及海鮮等豐富餐點，價格實惠。還可以品嘗到特別的希臘菜，希臘串燒捲餅。

DATA
🚶‍♂️觀光服務處步行3分
🏠621 Patricia St.　📞780-852-3850
🕐11～23時（冬季為11～22時）
🚫無休　💰C$15起❷C$30起

美食　MAP P106-B1

Tonquin Prime
Rib City

柔軟多汁的亞伯達省牛廣受好評

招牌菜亞伯達省牛的頂級肋眼C$26.95（6盎司），正如其店名。店的外觀雖不起眼，卻是一位難求的人氣餐廳。厚切頂級肋眼多汁又柔軟，其美味讓人一試成主顧。提供超過85種的葡萄酒選擇，為菜色增添美味。可以在昏暗氣氛的店內享用，夏季也可以選擇舒適宜人的戶外座位。

↑設有直播運動比賽的吧檯
→招牌菜頂級肋眼分量十足

DATA
🚶‍♂️觀光服務處步行10分　🏨位於Tonquin Inn飯店（→P109）內　📞780-852-5850　🕐6時30分～11時（僅夏季）、16～23時　🚫無休　💰C$15（自助式）❷C$25起

美食　MAP P106-B2

Jasper Pizza
Place

受到年輕人喜愛的道地比薩

色彩鮮豔的時尚裝潢。以高溫窯烤的比薩最受歡迎。直徑約25cm的比薩C$14.95起，有煙燻鮭魚等口味。還有提供義大利麵、漢堡等餐點。

DATA
🚶‍♂️觀光服務處步行2分　🏠402 Connaught Dr.　📞780-852-3225
🕐11～23時（10～5月時視情況變動）　🚫無休　💰❶C$15～23

於亞伯達省購物時不需繳納省稅（PST），只需付5%的商品稅（GST）。如果要買同樣商品，在這裡買會比B.C.省的溫哥華划算許多。

美食 **MAP** P106-B1

岡壽司
Oka Sushi

使用加拿大當地食材
品嚐正宗壽司美味

位於飯店內的小壽司店，共有
10個座位。道地美味受到當地
人及日本旅客喜愛。和技術超群
的壽司師傅愉快聊天，一邊品嚐
新鮮海鮮。除了當地食材外，也
有部分食材從日本進口。使用鮭
魚、干貝、甜蝦、飛魚卵、螃蟹
等豪華食材的「岡特製壽司捲」
C$11（迷你）、C$24（粗捲）廣
受好評。辛辣的賈斯珀捲C$6.25
也值得一嚐。

↑居家舒適的
店內有許多熟
客造訪
→提供日本酒
及日本啤酒

DATA
🚶觀光服務處車程10分 🏨位於The
Fairmont Jasper Park Lodge（→P109）內
☎780-852-1114 🕐18～22時 🗓冬季的週
日、一、夏季的週日 💰C$30起

  美食 **MAP** P106-A3

Evil Dave's Grill

舒適輕鬆的氣氛很受歡迎

提供許多在西式菜色中融合了亞
州菜及異國菜色的精髓創作而成
的餐點。餐點名稱使用了Evil
（邪惡）、Sin（罪）等，充滿了黑
色幽默，讓
人忍不住會
心一笑。

DATA
🚶觀光服務處步行3分
🏨622 Patricia St. ☎780-852-3323
🕐17～22時（週末為16～22時）
🗓無休 💰C$40起

   美食 **MAP** P106-B3

Fiddle River Restaurant

創意美味菜色

可以享用到番茄生薑風味鮭魚等
使用加拿大當地食材烹調而成的
獨特菜色。入夜後點上燈的氣氛
非常浪漫，讓人想好好打扮一番
再前往用餐。

DATA
🚶觀光服務處步行2分
🏨620 Connaught Dr. ☎780-852-
3032 🕐17～22時（視時期而異）
🗓無休 💰C$40起

  購物 **MAP** P106-A3

Freewheel Cycle Jasper

租借自行車出發兜風！

販售戶外用品及租借自行車的商
店。GORE-TEX®、Patagonia、
SIERRA DESIGNS等服飾、自行
車周邊商品、滑雪用品等也有販
售。可以不需要自己帶著滑雪用
具出國，到這裡再租借非常方
便。自行車租借為登山越野車3
小時C$30起、一天（當日歸還）
C$40起。冬季滑雪板租借一天
為C$25起，滑雪用具為C$24
起。

↑男女裝都非
常豐富
→便宜的滑雪
裝備，在滑雪
勝地才有的價
錢

DATA
🚶觀光服務處步行3分
🏨618 Patricia St. ☎780-852-3898
🕐9～21時（冬季為8～18時） 🗓無休

  購物 **MAP** P106-B3

Baffalo Betty's Gift

古董精品店

主販售瑪麗蓮夢露、艾維斯普
利斯萊、約翰韋恩、披頭四等懷
舊明星的雜貨、配件、T-shirt等
周邊商品的選貨店。有很多讓人
想到過往時
代的特色商
品。

DATA
🚶觀光服務處步行3分
🏨105 Miette Ave.
☎780-852-4231
🕐8時30分～22時30分 🗓無休

  購物 **MAP** P106-B3

Tea Leaf Boutique

販售優質服飾與
精選紅茶

店內陳列的流行服飾、茶葉等讓
人感受到老闆對於品味的堅持。
從受到國際矚目的最新品牌到
新一代設計師的作品等，店內
擺滿了服飾、鞋子、配飾等琳
瑯滿目。也有許多南非茶、生
薑茶、加拿大莓果茶等各種調
味紅茶。獨創包裝的紅茶為
C$4.75／50g起。可愛包裝，很
適合送禮。

↑以流行服飾
與紅茶為主題
的精品店
→精選充滿茶
香的紅茶

DATA
🚶觀光服務處步行3分
🏨626 Connaught Dr. ☎780-852-5552
🕐10～20時（冬季為～18時） 🗓無休

購物 MAP P106-B2

Bear's Paw Bakery

大排長龍的現烤麵包

雖然外觀只是小小的木造建築，但是在當地非常有名，總是從一大早就大排長龍的麵包店。和店名「Bear's Paw」(熊掌)同名的肉桂麵包C$2最受歡迎，從一大早就開始營業，非常方便。店外設有長板凳，受不了麵包香味誘惑的人可以直接坐在這裡品嘗。馬芬蛋糕C$2、西點、餅乾等也十分值得推薦。

↑忍不住買了好多
→於店外的長板凳上品嘗，享受愜意時光

DATA
⊠📍觀光服務處步行2分　🏠4 Pyramid Lake Rd.　📞780-852-3233
🕐6〜18時　🈳無休

購物 MAP P106-B3

Barefoot in the Park

充滿個性的商品

位於賈斯珀火車站對面，地理位置非常方便。販售生活雜貨及伴手禮等。加拿大洛磯山脈產的天然香皂C$5.25起等商品很受歡迎。不妨前來尋寶，挑選自己喜歡的商品。

DATA
⊠📍觀光服務處步行1分　🏠606 Connaught Dr.　📞780-852-2221　🕐10〜18時(週日為11〜17時)🈳無休

飯店 MAP P106-B1

The Fairmont Jasper Park Lodge

賈斯珀最具代表性的飯店
在閒靜的環境度過悠閒時光

於1922年從8間小屋開始建立的度假飯店，擁有悠久歷史。環境閒靜。可以在飯店內打網球、高爾夫、騎馬，或是去湖邊划船、溜冰等各項戶外活動選擇多樣。設有多間餐廳，待在飯店就能盡享洛磯山脈的自然樂趣。美國知名藝人平克勞斯貝曾多次造訪。客房多為小木屋式，也有附暖爐的大套房。

↑位於郊外湖邊的高級度假飯店
→提供運動樂趣與自然美景的寬闊飯店

DATA
⊠📍觀光服務處車程10分　🏠Old Lodge Rd.　📞780-852-3301　💰夏季⑤⑪ⓉC$419起、冬期⑤⑪ⓉC$199起　446室、獨棟小木屋 8棟

飯店 MAP P106-B1

Chateau Jasper

SPA浴池等設備豐富

地點幽靜，四周綠意盎然的飯店。室內游泳池等設備豐富。獲選美國汽車協會(AAA)評選的最佳飯店。飯店內隨時隨地都整理得乾乾淨淨。

DATA
⊠📍觀光服務處步行15分　🏠96 Geikie St.　📞780-852-5644　💰夏季⑤⑪ⓉC$280起、冬季⑤⑪ⓉC$145起　119室

飯店 MAP P106-B1

Best Western Jasper Inn

長期旅遊的首選

位於賈斯珀北部，環境幽靜。設有桑拿及室內游泳池。客房多設有廚房。可以在飯店內的餐廳享用自助式早餐。非房客也能前往Dining Lounge用餐。

DATA
⊠📍觀光服務處步行15分　🏠98 Geikie St.　📞780-852-4461　💰夏季⑤⑪ⓉC$265起、冬季⑤⑪ⓉC$140起　144室

飯店 MAP P106-B2

Astoria Hotel

認小木屋風格的三角屋頂就對了

於1924年建成的小木屋。由家族經營，打造居家舒適的住宿空間。位於位於當地最熱鬧的地方，交通便利，離賈斯珀火車站也很近。1樓的Papa George為當地人氣餐廳。

DATA
⊠📍觀光服務處步行2分　🏠404 Connaught Dr.　📞780-852-3351　💰⑤⑪ⓉC$158起　35室

飯店 MAP P106-B1

Tonquin Inn

大自然環繞的飯店

四周被豐茂的大自然環繞，野生動物甚至可能出現在飯店腹地內。可以享受度假氛圍。設有室內游泳池、戶外溫水浴池等，設施相當完備，可以舒緩身心好好休息。

DATA
⊠📍觀光服務處步行15分　🏠100 Juniper St.　📞780-852-4987　💰⑤⑪ⓉC$140起　137室

來賈斯珀也可以體驗騎馬、自行車兜風、獨木舟、釣魚等戶外活動的樂趣。

位於洛磯山腳的大都市

卡加利 *Calgary*

MAP｜P87B2

地圖▶背面-F4

於1875年作為騎警基地而開始發展，現在因出產石油而聞名。近郊的平原背後是整片的洛磯山脈美景。

①高樓大廈匯集的城市街景②卡加利牛仔節為規模最大的節日③郊外為廣大的牧草平原④當地地標卡加利塔

暢遊卡加利 Keyword 3

❶牛仔節 Cowboy
卡加利為西部發展都市，加拿大規模最大也最具知名度的牛仔節便於此舉行。

❷卡加利塔 Calgary tower
從觀景台不僅可以眺望市區街景，甚至還可以360度全景觀賞洛磯山脈。

❸奧林匹克 Olimpic
作為1988年冬季奧運會的主會場而聲名大噪。許多相關設施仍持續營運至今。

步行建議
市區只要一天就能走完。想要稍微遠走一點的話可以搭乘城市電車C-Train，非常方便，車資為均一票價C$3.15。市區內為免費。

市區交通
有城市電車和城市巴士兩種大眾運輸工具。卡加利面積並不大，基本上步行搭配城市電車的免費乘車區間就非常方便。

交通方式
台灣目前沒有直飛卡加利的航班。可以從溫哥華、多倫多等加拿大各城市搭乘國內線航班前往，或是從美國搭乘國際線航班前往。由機場前往市區需搭乘300路巴士，車程約30～40分鐘，C$9.50。

Information
🏛 **觀光服務處（卡加利機場內）**
Tourism Calgary Visitor Information Centre
🏠2000 Airport RD.N.E.
☎403-735-1234 時6～23時
休無休
MAP P110B1

☆ 經典路線 ☆

卡加利塔
↓步行20分 ↑步行3分
Eau Claire Market｜格林堡博物館
↓電車10分+步行10分 ↑步行10分
卡加利動物園｜The Core
↓電車10分

往觀光服務處 →

卡加利

SUNNYSIDE STN.
弓河 Bow Riv.
Memorial Dr.
Centre St.
公主島公園 Prince's Island Park
2nd Ave.
Joey Restaurant P111
Eau Claire Market P111
Regency Suites Hotel
2nd Ave.
The Westin Calgary
Prince Royal Inn 4th Ave.
McDougall Rd.
BRIDGELAND/MEMORIAL STN.
6th Ave. SW
The Core P111
6th Ave. SE
9th Ave. SW
Brewster
Calgary Marriott Downtown Hotel
卡加利站 CALGARY STN.
市政府
9th Ave. SE
卡加利堡 Fort Calgary
往卡加利動物園 P111
12th Ave. SW
卡加利塔 Calgary Tower
P111 Sky360
格林堡博物館 P111 Glenbow Museum
12th Ave. SE
La Vita e Bella P111
17th Ave.
蒙特銀行 馬鞍體育場
VICTORIA PARK/STAMPEDE STN.
17th Ave.
Macleod Trail
Elbow Blvd.
卡加利牛仔競技公園 Stampede Park
ERLTON/STAMPEDE STN.
往Alberta Boot Co. P111
23rd Ave.
N
0 500m
A B

Point.1
卡加利城堡歷史公園是由當年騎警所建，為卡加利的起源地。現為公園。

Point.2
卡加利牛仔節於每年7月在卡加利牛仔競技公園舉辦

↑舉辦賽馬、牛仔競技等非常熱鬧

觀光景點 MAP P110-A2

卡加利塔
Calgary Tower 必見

觀景台的景觀絕佳

卡加利地標,高190.8m的卡加利塔。從頂樓的觀景台可以將市區街景及洛磯山脈一眼望盡。設有旋轉餐廳,可以欣賞絕佳夜景。

DATA ~30分
🚊C-Train市電 1st Street SW站步行5分 🏠101-9th Ave. S.W.
📞403-266-7171
🕐9～21時(7、8月為9～22時)
🚫無休 💰C\$18

觀光景點 MAP P110-A2

格林堡博物館
Glenbow Museum

認識鐵路歷史

介紹由歐洲移民開發的加拿大西部開拓歷史與文化。還有畫作、雕刻等亞伯達省的藝術家作品。還特別設有原住民專區,詳細介紹原住民的歷史與文化。

DATA 30～120分
🚊C-Train市電 Centre Street站步行4分 🏠130 9th Ave. S.E. 📞403-268-4100 🕐9～17時(週日為12～17時) 🚫9～6月的週一 💰C\$16

觀光景點 MAP P110-B1

卡加利動物園
Calgary Zoo

來會一會巨型恐龍

飼育700隻以上動物的動物園。位於市區東部,弓河的浮島上。園內飼養著來自歐亞大陸、澳洲等世界各地超過130種的動物。園內還有恐龍專區,可看到許多恐龍模型。

DATA 30～120分
🚊C-Train市電 Zoo站步行即到
🏠1300 Zoo Rd. N.E 📞403-232-9300
🕐9～17時 🚫無休 💰C\$24.95

美食 MAP P110-A2

Sky 360

浪漫的旋轉餐廳

位於卡加利塔頂樓的旋轉餐廳。透過窗外可以欣賞到市區街景。正統晚餐套餐價格不斐,不過配上無敵的夜景讓人覺得非常值得。

DATA
🚊位於卡加利塔(上欄)內
📞403-532-7966
🕐11～14時(週日為10～14時)、17～21時(週五、六為17～22時)
🚫無休 💰🍴C\$25～🍷C\$50～

美食 MAP P110-A1

Joey Restaurant

時髦的調酒種類豐富

以溫哥華為據點的連鎖餐廳。絢爛的燈光音樂以及時髦的裝潢,很受年輕人歡迎。種類多樣的葡萄酒很適合搭配亞洲風味餐點。

DATA
🚊C-Train市電 3rd Street SW 站步行10分 🏠位於Eau Claire Market(下記)內 📞403-263-6336 🕐11時～翌日1時(週四～六為11時～翌日2時)🚫無休 💰🍴C\$15～🍷C\$35～

美食 MAP P110-B2

La Vita e Bella

新城鎮的義大利菜

將1906年建造的紅磚建築改造而成。正統義大利菜配上強調新鮮和季節感的食材,增添食物美味。提供選擇豐富的紅酒。

DATA
🚊C-Train市電 Victoria Park/Stampede站步行6分 🏠401-12th St. S.E. 📞403-264-6046 🕐11時30分～14時30分、17～23時 🚫週末的中午 💰🍴C\$20～🍷C\$40～

購物 MAP P110-A1

Eau Claire Market

可以逛上一整天

位於市區北邊的傳統市場。正對弓河的市場販售著豐富食材、現烤麵包等。也有販售生活雜貨和當地設計師作品等各式商店。

DATA
🚊CTrain市電 3rd Street SW站步行10分 🏠200 Barclay Parade S.W.
📞403-264-6450 🕐10～18時(週四、五為10～20時、週日、假日為11～17時、冬季視情況變動) 🚫無休

購物 MAP P110-A2

Alberta Boot Co.

購買訂製皮靴

經手製作騎警RCMP靴子的知名西部靴專賣店。寬廣的店內販售約6000種靴子C\$375起。可以訂製自己的皮靴,也有提供海外寄送。店內的商品也都非常精緻。

DATA
🚊C-Train市電39th Avenue站步行15分 🏠50-50th Ave. S.E.
📞403-263-4623
🕐9～18時 🚫週末

購物 MAP P110-A1

The Core

市區規模最大的購物商場

有160間以上的專賣店及餐廳進駐此購物中心。也有很多Roots及Banana Republic等人氣休閒服飾品牌,很受年輕人喜愛。

DATA
🚊C-Train市電 3rd Street站步行即到 🏠324 8th Ave.
📞403-441-4940 🕐9時30分～18時(週四、五為9時30分～20時、週日、假日12～17時) 🚫無休

搭乘城市電車C-Train時,下車時要按下車門旁的按鈕,車門才會打開。

班夫／露易絲湖出發
自選行程

想要在有限的時間內有效率的遊逛世界遺產，可以考慮參加當地出發的自選行程。

❶出發時間 ❷全程時間 ❸出團日 ❹團費 ❺最少成行人數 ❻餐飲安排

Navi Tour Vancouver 分公司
Navi Tour

📞604-682-5885/1-866-682-5885
🕘9～18時 ⏸週末、假日 🏠911-470 Granville St. 🌐www.navitourca.com/(日文網站)
MAP P137-D1

露易絲湖與哥倫比亞冰原 (4～10月)

前往哥倫比亞冰原、鴉腳冰河、城堡山等地的加拿大洛磯山脈一日遊。可以體驗到冰河大雪車觀光及最新設施冰川天空步道。

❶8時從飯店出發(9時30分從露易絲湖出發) ❷約11小時 ❸期間內每天 ❹C$250 ❺2人 ❻提供午餐

夢蓮湖與優鶴國家公園 (6～10月)

前往夢蓮湖、翡翠湖、塔卡考瀑布等洛磯山脈中擁有最優美景觀的觀光勝地。若遇塔卡考瀑布封閉時，將改為庫特尼國家公園。

❶9時從飯店出發(10時從露易絲湖出發) ❷約8小時 ❸期間內每天 ❹C$160 ❺2人 ❻提供午餐

硫磺山觀光纜車與班夫市區觀光 (4～10月)

洛磯山脈的觀光據點班夫半日遊。搭乘硫磺山的觀光纜車，將班夫市區街景和加拿大洛磯山脈美景盡收眼底。前往弓河瀑布、瀑布花園等班夫近郊觀光景點。

❶9時從飯店出發 ❷約4小時 ❸期間內每天 ❹C$105 ❺2人 ❻無(另有提供午餐的套裝行程)

星空漫步 (4～10月)

在加拿大洛磯山脈的高山群中，欣賞滿天星空的觀星之旅。會於出發當日的21時通知天候狀況及是否成行。接到確認電話後再出發。

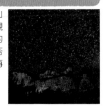

❶22時從飯店出發 ❷約2小時 ❸視天候而異 ❹C$50 ❺2人 ❻無

浪漫燭光晚餐 (Le Beaujolais) (4～10月)

於班夫的老字號法國菜餐廳「Le Beaujolais」享用三道菜色的全餐之後，兜風欣賞夜景。晚間全餐的主菜為牛排或北極岩魚或紅酒燉雞。請著正式服裝參加。

❶18時30分從飯店出發 ❷約3小時 ❸期間內每天 ❹C$150 ❺2人 ❻提供晚餐

騎馬與牛仔午餐 (6～9月)

從馬廄騎馬出發，前往洞穴與盆地國家歷史古蹟及太陽舞峽谷。一小時後，於戶外享用亞伯達省牛排等美味午餐，感受西部拓荒時期的氛圍。用完餐後，來到弓河旁的濕地步道騎乘1小時後回程。請穿著長褲參加。

❶10時30分從飯店出發 ❷約3小時 ❸期間內每天 ❹C$225 ❺2人 ❻提供午餐

愛地球戶外活動之旅 (6～9月)

首先騎乘自行車遊逛班夫的觀光景點後，來到湖邊體驗獨木舟。之後前往隧道山登山健行約2小時30分鐘。於山頂享用有機三明治等天然食材的午餐。最後搭乘巴士去泡溫泉。可以一口氣體驗4種戶外活動。

❶8時30分從飯店出發 ❷約8小時 ❸期間內每天 ❹C$200 ❺2人 ❻提供午餐

※以上觀光行程的內容及費用皆為2016年3月～的資訊。團費為一人份。
行程內容可能會依情況有變動，請於事前確認。可於有設置旅遊服務台的旅館報名參加。

旅遊資訊

加拿大出入境的流程

確定去旅行後，應立刻確認重要的出入境資訊！做好萬全的準備後前往機場

入境加拿大

❶ 抵達 Arrival

下飛機後，沿著指標前往入境審查。準備填寫好的海關申報單及護照。等待入境審查。

❷ 入境審查 Immigration

請排在外國人（Foreigner）專用的櫃臺前等待，輪到之後將填寫好的海關申報單及護照交給海關人員查驗。海關人員可能會詢問停留天數和入境目的等問題。審查結束後，海關人員會在護照上蓋章，即可取回海關申報單及護照。

❸ 領取行李 Baggage Claim

入國審查結束後，請前往行李提領處。找到自己搭乘航班的行李轉盤，領取自己的行李。遇到行李遺失等問題時，請找航空公司的工作人員並出示行李存根，請工作人員協助處理。通常行李存根會被貼在登機證上。

❹ 海關申報 Customs Declaration

將海關申報單交給位於出口處的海關人員。海關人員可能會詢問有沒有要申報的物品。如果沒有，回答「Nothing」即可。

❺ 入境大廳 Arrival Lobby

各家旅行社的導遊都已在入境大廳等待接機。只要跟隨導遊指示即可。自由行的旅客可以搭乘計程車或接駁巴士前往飯店。如果有事先跟飯店預約接機服務，飯店的工作人員會在入境大廳等待接機。

確定成行後的準備

●申請電子旅行證eTA (Electronic Travel Authorization)

eTA是適用於短期旅遊、商務出差等目的的電子旅行授權許可證，入境或過境加拿大時需出示。申請時需要護照、信用卡及電子郵件信箱。申請處理費為C$7，效期為5年。可以上加拿大政府官網申請。
＊eTA線上申請網站
🌐http://www.cic.gc.ca/english/visit/eta-start-zh.asp

●外交部旅遊安全資訊

可以確認旅遊資訊及旅遊安全相關訊息
🌐http://www.boca.gov.tw/mp.asp

●到外交部網站進行出國登錄

在網頁上登錄旅遊日期、目的地、聯絡資訊後，當發生天災、動亂、急難事件或有協尋請求時，外交部會立即通知登錄者應變，並可儘速為聯繫在台家屬，提供協助。
🌐https://www.boca.gov.tw/np.asp?ctNode=847&mp=1

入境加拿大時的限制

●管制或限制輸入物品

・食品（肉類、乳製品）、農作物、水果、堅果類
・鳥類、動植物及其產品
・刀槍、武器

●主要免稅範圍

○菸類⋯香菸200支、雪茄50支、捲菸200支、菸絲200g（限滿18歲以上）
○酒類⋯葡萄酒1.5ℓ或355mℓ罐裝啤酒24罐或啤酒8.5ℓ或其他酒類1.14ℓ（B.C.省限滿19歲以上）
○禮品⋯價值低於C$60以下時免稅（僅入境時限制、菸酒類除外）
○現金⋯無特別限制，但超過C$1萬時需申報

出國時的注意事項

出發1個月～10天前先確認好

加拿大入境條件

●護照效期

護照效期需在6個月以上

●簽證

須持有有效期限內的電子旅行證eTA。電子旅行證eTA請上加拿大政府官網申請
🌐http://www.cic.gc.ca/english/visit/eta-start-zh.asp

自家～機場的必須檢查

●機場航廈

臺灣桃園國際機場目前分為第一及第二航廈。目前有直飛溫哥華的中華航空與長榮航空都由第二航廈起降。

●攜帶液體物品登機的限制

若上機的手提行李攜帶超過100mℓ的液體物品時，就會在台灣出境時檢查行李的關卡遭到沒收，一定要注意。若低於100mℓ，則可裝在1ℓ以下的塑膠夾鏈袋內便可攜帶上機。詳細內容請參照民航局網站
🌐http://www.caa.gov.tw/big5/index.asp

出境加拿大

❶ 報到　Check-in

跟團旅遊回程時，各家旅行社會到飯店迎接旅客，然後搭乘遊覽車前往機場。自由行的旅客可以搭乘計程車、接駁巴士或租車自駕前往機場。最晚要在起飛前2小時抵達機場。在欲搭乘的航空公司報到櫃臺出示護照以辦理報到手續，領取登機證。並且辦理行李托運，領取行李存根。持有電子機票的旅客，可於自助報到機Express Check-in辦理報到手續，再前往航空公司報到櫃臺或行李托運專用櫃臺托運行李。持有電子機票辦理自助報到排隊時間較短，較為方便。

❷ 安全檢查　Security Check

接受安檢人員以探測器進行檢查，手提行李要通過X光機查驗。液體、噴霧劑及凝膠狀物體要以容器裝妥且不得超過100㎖，總容量不得超過1ℓ。須以塑膠透明夾鏈袋妥善裝好。否則即當場沒收。

❸ 出境樓層　Departure Floor

設有免稅商店、美食街、禮品店等。可以前往購物或用餐，等候搭機。

❹ 登機門　Boarding gate

請於預定登機時間前30分鐘抵達登機門。登機時請出示登機證及護照。

♪ 不可手提攜帶楓糖漿上飛機

由加拿大機場起飛的所有國際線對於手提攜帶液體、噴霧劑及凝膠狀物體有特別限制。
詳細條件如下記：
◎容器容量為每瓶100㎖以下，總量不得超過1ℓ（不可攜帶超過100㎖以上的容器）
◎總容量1ℓ以下的容器要使用塑膠透明透明夾鏈袋裝妥（夾鏈袋須為15.24cm×22.86cm或20cm×17.5cm、夾鏈袋須封妥）
◎每位旅客僅可攜帶乙袋
◎手提行李須經過X光機查驗
◎機上使用的藥物（須持有處方簽或醫師聲明）及機上使用的嬰兒食品（須有嬰幼兒一同搭機）等情況則不在此限
※通過安檢後購買的免稅商品則不在此限。但需要轉機的旅客則有可能於轉機機場安檢時被沒收。

台灣直飛溫哥華的主要航空公司

中華航空(CI)
📞02-412-9000
🌐https://www.china-airlines.com/tw/zh

長榮航空(BR)
📞02-25011999
🌐https://www.evaair.com/zh-tw/index.html

回國時的限制

主要免稅範圍

●**酒類**…一公升（年滿20歲）
●**菸類**…捲菸200支或雪茄25支或菸絲1磅
●**其他**…攜帶貨樣的完稅價格低於新台幣12,000元
●**貨幣**…新台幣10萬元以內；外幣等值於1萬美元以下；人民幣2萬元以下
※超過須向海關申報

禁止攜帶物品

●毒品危害防制條例所列毒品
●槍砲彈藥刀械管制條例所列槍砲、彈藥及刀械
●野生動物之活體及保育類野生動植物及其產製品
●侵害專利權、商標權及著作權之物品
●偽造或變造之貨幣、有價證券及印製偽幣印模
●所有非醫師處方或非醫療性之管制物品及藥物
●其他法律規定不得進口或禁止輸入之物品

如須申報，請填寫「海關申報單」，並經「應申報檯」（即紅線檯）通關

回國的時候，如果有後送行李或超過免稅範圍的物品，稅率等相關詳情參照海關🌐web.customs.gov.tw

入境必備文件

海關申報單填寫範例

❶…名字以姓、名的順序（羅馬拼音）填寫

❷…出生年（西元年後兩碼）、月、日

❸…國籍（TAIWAN）

❹…台灣地址以門牌號碼、城鄉、國家、郵遞區號的順序

❺…入境方式（搭機則勾選Air）

❻…航班號碼（入境）

❼…入境目的（觀光則勾選Personal）

❽…入境途徑（直飛則勾選Other country direct，行經美國則勾選Other country via U.S.）

❾…是否攜帶槍械、武器？

❿…是否攜帶商品、商品樣本？

⓫…是否攜帶肉類、乳製品、水果、蔬菜、堅果類、動植物、動植物產品、切花、土壤、鳥類、昆蟲？

⓬…身上是否攜帶超過C＄1萬以上的貨幣？

⓭…有沒有後送行李？

⓮…有沒有到過加拿大的農場？或有預計前往？

⓯…在加拿大停留天數

⓰…有免稅申報物品？

⓱…簽名（須與護照上一樣）

⓲…入境日期（西元年後兩碼）、月、日

經由美國轉機時

航空

於美國轉機時，須經過美國的入境審查。不論是前往美國觀光、商務出差，還是轉機行經美國，都需要經過旅行授權電子系統（ESTA）取得授權許可。詳情請洽詢美國在台協會。

旅行授權電子系統（ESTA）

美國於2012年10月2日宣布台灣加入免簽證計劃。符合資格之台灣護照持有人若滿足特定條件，即可赴美從事觀光或商務達90天，無需簽證。填寫線上申請表，提供英文的個人資料，包括姓名、出生日期、護照資訊等即可。可以在旅行前任何時候提出申請，授權許可的作業時間可能需72小時。ESTA授權許可的效期通常是二年或護照到期日。若旅客因發換新護照、更改姓名、變性、改變國籍、或之前回答ESTA申請時所給的答案已不再正確，則必須重新申請ESTA旅行許可。否則，旅客在授權許可效期內均可前往美國，無須再提出ESTA申請。費用為14美元。ESTA申請網站（https://esta.cbp.dhs.gov/esta/）。取得ESTA之後，請列印後並妥善保管。於美國入境時雖不需要主動出示，但有可能會需要ESTA上記載的申請編號。

托運行李開箱檢查

從美國機場起飛的托運行李都需要接受嚴格的安檢。有時會在旅客不在場的情況下檢查行李，若是行李箱上鎖，有可能會被破壞行李鎖強行打開。行李箱因安檢原因出現任何損壞，保險者都無法理賠。另外，電子用品及貴重物品、現金等，請不要放入托運行李中。

行經美國轉機回台時

與入境時一樣，先從加拿大出境後入境美國，再由美國出境回台。入境美國的手續於往加拿大起飛時的機場辦理。請前往往美國的專用登機門，途中會行經美國入境審查檯臺。向境管理人員表達要「Transit」（轉機）即可。

駕車

從美國開車或搭乘巴士可以輕鬆前往加拿大。西雅圖～溫哥華為熱門路線。和搭機一樣，於邊界過境處填寫入境卡，接受入境審查。

機場～溫哥華市中心的交通方式

機場到溫哥華市中心有3種交通方式。
每一種都差不多30～40分鐘左右即可抵達市中心。

溫哥華國際機場 Vancouver International Airport　MAP P132A4

位於市區南側，距離市區約13km。入境大廳在2樓，出境大廳在3樓，每層樓的設施都十分充足。
www.yvr.ca/en/passengers

機場內主要設施

●觀光服務處
國際線與國內線的入境大廳都設有觀光服務處。提供當地資訊及市區地圖等。前往市區的交通方式等問題都可以向工作人員進行諮詢。

●銀行/換匯/ATM
各航廈內皆有，不過匯率較差。可於機場換需要使用的最小金額，其餘等到市區的換匯處再做兌換。

●商店
機場內有免稅商店、咖啡廳、餐廳及各種商店。也有加拿大特產鮭魚專賣店、國際精品店。

●租車櫃臺
位於機場出口對面的立體停車場1樓。租車公司共有Avis、Hertz、Budget等7間。每一間的營業時間皆為5時30分～翌日1時30分。營業時間以外也可以還車，只要將車鑰匙放入歸還箱即可（租車公司的聯絡資訊→P119）。

交通速查表

※車程時間僅供參考。視道路狀況而異。跟團旅行者通常都有遊覽車機場接送。遊覽車會依序開到各家飯店前，讓旅客下車。詳情請事先向旅行社確認。

交通工具		特色	票價
	高架列車（加拿大線）	由經營巴士、海上巴士的TransLink公司所經營。高架列車共有3條路線，其中加拿大線連接機場到溫哥華市區。票價為3區域制，轉乘也可以續用於機場購入的車票。	C$9（第2區票價C$4+C$5）※機場前往市區須多加C$5
	計程車	入境大廳的出口設有計程車乘車處。以跳表計費。下車時請加上跳表金額的15%作為小費。適合前往高架列車沒有設站的地方，或三人以上共乘時。	前往羅布森大街約為C$45前往耶魯鎮約為C$40前往基斯蘭奴約為C$35
	機場接送遊覽車	事先預約好，會配合抵達時間前來接機。最少成行人數為2人。直接抵達飯店，十分方便。	C$45起（視時段而異）

機場設施地圖

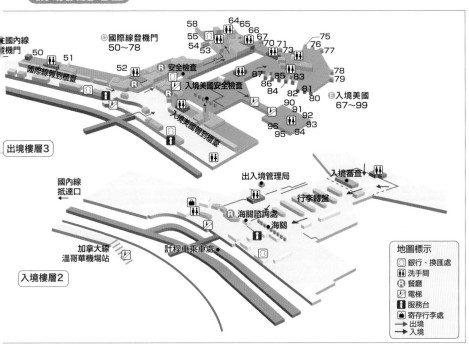

車程	營運時間	聯絡資訊
前往Yaletown-Roundhouse站約22分 前往Waterfront站約26分鐘（在列治文市Bridgeport站換車則需要約35分）	5時～翌日1時 每6～20分鐘一班	加拿大線 ☎604-953-3333 🌐www.translink.ca
前往市區約30～40分	24小時	Yellow Cab ☎604-681-1111 🌐http://www.yellowcabonline.com/ Vancouver Taxi ☎604-871-1111 🌐http://www.avancouvertaxi.com/
前往市區約30～40分	配合航班時間	Navi Tour ☎604-682-5885 🌐www.navitourca.com/（日文網站）

小資訊 回程時搭乘高架列車加拿大線非常方便。可以乘坐計程車前往最近的加拿大線車站。行李如果很多的話建議搭乘計程車。

加拿大國內交通

加拿大光是西部就非常廣闊，基本上國內移動以飛機為主。
若是有時間想悠閒旅行，也可以選擇租車自駕或搭乘長途巴士。

飛機

適合想節省時間的旅客。溫哥華～卡加利乘坐飛機較為方便。平均每1小時有
一班飛機，約1小時20分鐘可以抵達。搭乘巴士則車程約15小時。加上前往機
場的交通時間總體時間也較短，可以節省寶貴的旅途時間。

鐵路

加拿大國內的鐵路路線不多，班次也少。不適合當作交通工具，反而適合作為
觀光列車搭乘。適合有時間想要來一趟悠閒旅行，或是以坐火車作為旅行主題
的人。有VIA鐵路加拿大人號、洛磯山登山者號（→P95）可供選擇。

租車自駕

不喜歡被行程約束，想要隨心所欲享受旅遊的人最適合租車自駕了。開車人數
眾多的加拿大，道路寬敞、規劃完善、車流量少，很適合開車旅遊。交通規則
可能有些許不同，但交通號誌標示清楚，只要是平常有在開車的人一定沒有問
題。

●租車的注意事項
·租車年齡限制為25歲以上。
·乘坐時，前座及後座所有乘客皆須繫上安全帶。
·建議白天也開車頭燈。

長途巴士

適合想節省旅費的人，長途
巴士是最符合經濟效益的移
動方式。巴士路線涵蓋加拿
大國內全境。加拿大西部為
Greyhound巴
士較多班次選
擇。也有夜間
巴士，可以節
省旅途時間。
溫哥華～維多
利亞可以搭乘
Wilson's
Transportation
巴士。

巴士路線圖

白馬 育空
YUKON TERRITORY

西北地方
NORTHWEST
TERRITORIES

黃刀鎮

29:15

22:15

不列顛哥倫比亞省
BRITISH COLUMBIA

亞伯達省
ALBERTA

薩斯喀徹溫省
SASKATCHEWAN

賈斯珀

7:00   4:30   艾德蒙頓
甘露市
3:30   5:00   班夫   8:30
納奈莫 4:00 3:20
3:30   2:00 卡加利
溫哥華   10:00 梅克屯

維多利亞 3:30   雷吉納

美利堅合眾國
UNITED STATES OF AMERICA

— Greyhound Canada
— 其他巴士公司
※數字為參考車程時間

長途巴士時刻表說明

在主要城市都有提供各主要路線的時刻表。中小鄉鎮沒有時
刻表，可以在巴士總站確認出發、抵達時間。

VANCOUVER - CALGARY

	SCHEDULE NUMBER			62	3012	30
251197n			Effective·24-JUN-98	Van. Calgary	Connector N. Valley	Van. Kelowna
	700 - E ❶					
	FREQUENCY					
◆ VANCOUVER	(P+D) Ⓐ (PT) ❸ ❷ Ⓧ	Lv		06:45	06:15	07:0
◆ New Westminster	(P+D) Ⓐ	Lv		07:10		07:2
Port Moody	❹			❻	❺	f
Coquitlam					f	
◆ Maple Ridge				❻	07:10	See
Mission					07:40	Table
◆ Langley	❼(P+D)			07:45		
◆ Abbotsford				I		
◆ Chilliwack	(P+D) Ⓜ	Ar		08:30	08:30	08:3
◆ Chilliwack	(P+D) Ⓜ	Lv		08:40		08:5
◆ Hope	(P+D)	Ar		I		09:3
◆ Hope	(P+D)	Lv		I		09:3
◆ Merritt	(P+D)	Ar		❻		11:0
◆ Merritt	(P+D)	Lv		10:40		11:2
◆ KAMLOOPS	(P+D) Ⓜ	Ar	30	11:40		See Table
Kamloops	(P+D)	(See 709)		I		708 For
Cache Creek		Lv		I		

❶沒有特別標註的話為每天行駛。有標上數字的話表示僅在
星期幾行駛。以數字1～7表示星期幾。若標註X則表示除了
X之外都有行駛。❷Lv表示出發，Ar則表示抵達。❸時間 PT
為太平洋標準時間、MT為山岳部標準時間、CT為中部標準
時間、ET為東部標準時間、AT為大西洋標準時間、NT為紐
芬蘭標準時間。❹可乘坐輪椅搭乘。❺停靠時間（分鐘）。
❻沒有標示時間只有標示 I 則為過站不停。❼◆、（P+
D）為貨物運輸標誌，與乘客無關。❽f表示僅限貨物及工
作人員上下車，旅客不能上下車。

118

來搭乘長途巴士吧

長途巴士是沒有時間壓力的人才能體驗的悠閒旅行樂趣。搭乘夜間巴士可以補眠，也可以在車上欣賞窗外的加拿大廣闊美景。

❶ 前往車站

長途巴士總站Pacific Central Station（MAP P133-B3）位於市區東南側。從正門口進入後，右手邊為巴士售票口，左手邊為VIA鐵路售票口。

❷ 購票

不需要事先預約。決定好出發時間後，於出發前30分鐘購買車票即可。如遇夏季或聖誕假期時等旺季，先預約好車票會較方便。

❸ 上車前

若有大型行李須於上車前托運。行李超重時會加收超重費。托運時要記得索取印有姓名及目的地的行李存根，並將行李存根於下車前妥善保管。每位旅客限帶一個手提行李上車。

❹ 上車

車內有空調。有些巴士冷氣較強，建議隨身攜帶外套。車內皆設有洗手間。車上全面禁止吸煙、禁止飲酒。座位可以調整，乘坐舒適。途中讓乘客下車前往洗手間、用餐及休息。

❺ 下車

請確認好自己的行李之後再領取。有一些巴士總站位於郊區，晚上到站時可以搭乘計程車離開。

> **巴士公司**
>
> **Greyhound Canada**
> ☎1-800-661-8747
>
> **Wilson's Transportation「BC Ferries Connector」**
> ☎1-888-788-8840

> **租車公司**
>
> Hertz
> ☎604-606-3785（溫哥華國際機場店）
> 圖6～24時 休無休
> Avis
> ☎604-606-2847（溫哥華國際機場店）
> 圖5時～翌1時 休無休

旅遊常識

事先瞭解貨幣、天氣、電話網路等當地資訊。
還有當地習慣、禮儀也和台灣大不同。

貨幣

加拿大的通用貨幣為加幣，最小單位為分（本書中分別以C$、¢來表示）。主要流通貨幣為5種紙幣及5種硬幣。紙幣的大小相同、圖案也雷同，要注意不要混淆。雖然當地也有使用信用卡及國際金融卡，但部分商店及交通工具只接受現金。另外，租車及飯店辦理入住時，皆需要出示信用卡。

C$1≒NT$23.07 (2017年4月)

 C$5　　 C$10　　 C$20

 C$50　　 C$100

 5¢　　 10¢　　 25¢　　 C$1　　 C$2

換匯

市區街上、銀行、機場、購物中心、飯店大廳等都設有換匯處。一般而言飯店的匯率較差，若是小額換匯倒是十分方便。高額換匯建議前往銀行或換匯處進行兌換。

機場	銀行	換匯處	ATM	飯店
即刻要用的現金	匯率好	據點多方便換匯	24小時都可換匯	安全＆便利
位於2樓入境大廳及3樓。基本上匯率較差，手續費也較高。建議只兌換需要使用的最小金額即可。	比飯店的匯率好。營業時間較短，有些銀行週末、假日也休息。建議先行確認比較好。	營業時間比銀行長，有些換匯處週末也有營業。每間店的匯率不同、手續費也不同，建議兌換前先行確認。	市區、購物中心等皆設有ATM。每次可以提領的金額限制會根據卡片及ATM機台而異。	安全又便利的選擇。有些飯店只接受有住房的旅客換匯。匯率較差，並不推薦。

用剩的外幣要怎麼辦？

回台後可以將紙幣換回台幣（可以趁台幣貶值時兌換），但硬幣無法兌換建議在當地使用完。或是留到下次旅行時使用。

ATM英文單字小幫手

- 金融卡密碼...PIN/ID CODE/SECRET CODE
- 確認...ENTER/OK/CORRECT/YES
- 取消...CANCEL
- 轉帳...TRANSACTION
- 取款...WITHDRAWAL/CASH ADVANCE/GET CASH
- 金額...AMOUNT
- 信用卡...CREDIT
- 存款（國際金融卡）...SAVINGS

120

 ATM一般為24小時開放，於人煙稀少的時間與地點提領現金時要特別小心留意。

撥打電話

● 使用自己手機撥打…出國前先跟電信公司開通漫遊，並確認資費。
● 從飯店客房撥打…先撥打外線號碼（視飯店而異），再輸入要撥打的電話號碼。大部分飯店會收取手續費。
● 於公用電話撥打…基本上使用硬幣。也有部分電話亭可以使用電話卡、信用卡撥打。溫哥華市區內通話為1通電話50¢，無時間限制。公用電話可以使用5¢、10¢、25¢硬幣。
● 電話卡…有C$5、C$10、C$20三種面額，可於雜貨店等地方購買。撥打電話卡上的免付費專線，輸入PIN碼後按照語音指示撥打。電話卡不是插入式，於飯店客房內也可以使用（需加收外線費）。

● 加拿大→台灣
  011 (加拿大國際冠碼) -886 (台灣國碼) -對方的電話號碼 (市話區域碼去掉0)

● 台灣→加拿大
  002 (台灣國際冠碼) -1 (加拿大國碼) -對方的電話號碼

網路使用

● 市區
咖啡廳、速食店、購物中心等大多有提供免費Wi-Fi。很多圖書館等公共空間也有提供免費網路。

● 飯店
許多飯店於商務中心及大廳等設有公用電腦提供免費使用。多數飯店的客房也有提供Wi-Fi。Wi-Fi的收費標準視飯店而異。

郵件、小包裹寄送

● 郵件

明信片、信封、郵票等可在郵局、飯店、便利商店購買，價格視店鋪而異。於收件人處以英文填寫「TAIWAN」、「AIR MAIL」，其餘以中文書寫即可。可以投入街上的紅色郵筒，或是請收費較貴的飯店協助寄送。小包裹要到郵局寄件。於郵局索取海關申報單，填寫好後隨包裹一同寄送。

● 溫哥華中央郵局
住349 W Georgia Street, Vancouver B.C. V6B 1Y0　時9時～17時30分　休週末　MAP P135C3

● 快遞
DHL、FedEx等國際宅配十分方便。寄到台灣約3～5天。

溫哥華寄送至台灣的參考天數與費用

內容物	所需時間	費用
明信片	約一週	C$2.50
信件（30g以內）	約一週	C$2.50
包裹※ （2kg以內）	空運 6～10天 海運 4～6週	空運 C$61.02 海運 C$28.40

※長、寬、高合計170cm以下的價位

國際快遞

DHL客戶服務中心
☎+1 855-345-7447

●飲水

自來水可以直接飲用。若是喝不習慣，可以在便利商店或藥妝店等購買礦泉水。建議隨身攜帶一瓶水在身上，隨時可以補充水分。

●插頭與電壓

加拿大的電壓為110V和台灣一樣，電器可以直接使用，不需要變壓器。插頭也和台灣一樣，不需要轉接頭可以直接使用。

A型

●洗手間

市區沒有公用廁所。可以利用購物中心或百貨公司裡的洗手間。餐廳及速食店內的洗手間僅限客人使用，有需要的時候可以點一杯咖啡或其他餐點。前往加拿大洛磯山脈的路上甚少有休息站，加油站於冬季時也會關閉，要特別注意。

●營業時間

介紹溫哥華一般店家的營業時間。詳細時間視店鋪而異。

- 銀行　時9時30分～16時　休週末、假日(有些銀行週六有
- 商店　時10～18時(視季節有大幅度變動)
- 餐廳　時午餐11～14時、晚餐17～22時(視季節有大幅度變動)

●尺寸對照表

女士

女裝

台灣	S	M	L	XL
加拿大	4	6	8	10

女鞋

台灣	22	22.5	23	23.5	24	24.5
加拿大	6	6.5	7	7.5	8	8.5

男士

男裝

台灣	XS		S		M	
加拿大	14	14.5	15	15.5	15.75	16

男鞋

台灣	25.5	26	26.5	27
加拿大	6.5	7.5	8	8.5

※以上尺寸僅限參考。實際尺寸視品牌而異。

※加拿大的長度、重量單位為公尺（m）與公克（g）等，和台灣一樣。不過受到美國影響，也有不少人於日常生活中使用英呎為單位。

長度	
1英吋	約2.5cm
1英呎	約30.5cm
1碼	約90cm
1英里	約1.6km

重量	
1盎司	約28g
1磅	約453g

面積	
1英畝	約4047m²

●溫哥華的物價

礦泉水
(500ml)
C$1.30～

麥當勞的漢堡
C$1.29～

咖啡
(Tim Hortons)
C$1.34～

啤酒
(啤酒杯一杯)
C$5～

計程車
(起跳價)
C$3.30～

各種情境基本資訊

🍴 觀光

●參觀美術館、博物館
原則上不能攜帶大型行李前往美術館、博物館,除了貴重物品隨身攜帶外,其餘行李請寄放在寄存處。大部分館內都禁止攝影。即使允許攝影的地方也大多禁止閃光燈與三腳架。需要借過時,不要忘記和對方說一聲「Excuse me」。

●攝影拍照
不只美術館、博物館,其他地方若是明禁攝影或拍照,就請將相機收起。如果不確定能否拍照時,請詢問確認。想要拍攝路人時,請先徵詢對方同意。

●造訪加拿大洛磯山脈
加拿大洛磯山脈國家公園被列為世界遺產,造訪時一定要特別注意。嚴禁摘花、折樹枝、或是撿石頭帶走等。垃圾要丟在指定地或是自行帶走,絕對不能隨地亂丟。遇到野生動物禁止餵食,並且切勿靠近或使之驚嚇。

●旅遊季節&服裝建議
加拿大的夏天舒適宜人,5～9月為最佳觀光季節。春、秋需要上衣保暖,冬天要準備禦寒衣物。日照強烈,請記得攜帶太陽眼鏡及遮陽帽。計畫前往登山健行及冰河健行的旅客,請攜帶後背包、好穿耐走的鞋及雨具等。做好萬全準備再出發吧。

●賞櫻!
包含溫哥華在內的B.C.省是加拿大所有城市中,最早迎接春天的地區。維多利亞從2月底、溫哥華從3月中就可以看到櫻花的蹤影。這個時期前往旅遊可以欣賞到開滿櫻花的美麗街景。

盡享加拿大自然美景的VIA鐵路 (→P95)

🍴 美食

●餐廳種類
從需著正式服裝的高級餐廳到輕鬆舒適的餐廳,餐廳種類五花八門應有盡有。還有可以吃早餐或休息的咖啡廳、提供外帶餐點、三明治的熟食店、餐車等,選擇豐富。有一些販售當地啤酒的美味餐廳&酒吧等夜間娛樂場所從中午就開始營業。

●營業時間與訂位
一般中午營業時間為11～14時,晚上營業時間為17～22時。有很多店家會根據星期幾或季節來調整營業時間,要特別注意。除了高級餐廳以外,其他餐廳大多營業時段中不休息。高級餐廳與人氣餐廳多數需要訂位,請事先確認好。

●餐廳禮儀
前往高級餐廳時,基本上需要著用正式服裝。避免穿著運動服或短褲、涼鞋等太過休閒的服裝。每間店規定不同,可以事先向店家進行確認。與異性同行時不要忘了女士優先。記得喝酒不要過量,以免醉酒造成周圍困擾。

●餐廳小費
餐廳的小費為總金額的15%。於結帳時一起支付,或是離開餐廳時放置在桌上。以信用卡結帳時,確認好明細上的總金額後在「tips」的欄位填寫15%的金額即可。

購物

●各區特色

溫哥華各區皆富有特色，只要鎖定好自己的目標就可以有效率的購物。最繁華的購物街就是羅布森街，從高級精品到休閒服飾、專賣店等應有盡有。固蘭湖島以購物商場及百貨公司為主。蓋士鎮主要多為原住民工藝品等伴手禮品店。耶魯鎮、南固蘭湖、基斯蘭奴則有較多時尚精品店。

●營業時間

一般為10～18時。週四、五會營業到較晚，週日則會提早打烊。很多商店會根據星期幾來調整營業時間。小店、百貨公司、購物商場幾乎都不公休，每天營業，但逢聖誕節、復活節等幾乎沒有店家營業，要特別注意。

●折扣季

夏季的6月中～7月、冬季的聖誕節前～1月初為折扣季。開學前的8月底也會舉辦「Back to school sale」折扣節。

飯店

●等級與種類

住宿可大致分為飯店和B＆B民宿兩種。飯店的房費從高級等級一晚C$370～到普通等級一晚C$150～。飯店多為客房數多的高樓層飯店。也有規模較小的設計飯店及附有廚房的酒店式公寓。多數平價飯店也有良好完善的設備及服務。B＆B民宿（Bed ＆Breakfast）附有早餐，提供舒適居家的空間。房費為一晚C$130～。

●客房

溫哥華飯店內的客房多為一張大床的雙人房。若需要雙床房請於入住前提出。雙人房、雙床房基本上都是兩人入住。一個入住時需支付全額房費。房費會根據有沒有海景或是淡旺季而有所變動，預約前請先確認。

●入住/退房

一般而言，15～16時之後可以辦理入住，需於11～12時之前退房。大飯店會要求辦理入住時出示護照及信用卡。18時以後才會到飯店辦理入住時，需事前告知預計抵達時間。退房後，可以將行李寄存在飯店。

●飯店禮儀

飯店內除了客房外其餘空間皆為公共場所，請勿穿著睡衣或拖鞋外出。若是手洗衣服，請勿曬在陽台上，請於浴室晾乾。請勿在深夜發出噪音影響其他房客。安全考量，不要忘記將房門上鎖及防盜鍊。

●飯店小費

基本上溫哥華的飯店都需要支付小費。請給幫忙運送行李的飯店人員每件行李C$1的小費，以及打掃客房的飯店人員每天早上C$1。其他協助預約餐廳等特別服務時，也不要忘了給小費。

●房費稅金

溫哥華房費稅金為商品稅（GST）5％＋省銷售稅（PST）7％。有些飯店會收取客房稅2％與觀光稅1.5％。

基本禮儀

●女士優先

女士優先是加拿大的基本禮儀。男士應該於餐廳及電梯門口按住門等女士通過，禮讓女士。希望前往加拿大旅遊的旅客也能記得女士優先。被禮讓的女性也不要忘了說聲「Thank you.」。

●飲酒

公園及路上禁止飲酒。開車時，車上有已開罐的酒類會被罰款。販售酒類需要取得執照，基本上只能在酒類專賣店購買（酒精含量低的啤酒、葡萄酒可於超市等商店購買）。B.C.省規定未滿19歲不得飲酒。

●吸煙

原則上餐廳、飯店、酒吧等地包含門口半徑6m以內的範圍為全面禁煙。飯店的客房也幾乎為全面禁煙。機場等公共設施設有吸煙室，想要抽煙的人可以善加利用。雖然有時候會看到有人邊走邊抽煙，但原則上是規定必須在設有煙灰缸的吸煙處才能吸煙。違反規定會被處以罰款，最高為C$2000。

突發狀況對應方式

雖然溫哥華的治安較佳，但還是要注意隨身物品及行李、包包不離身。盡量避免前往人煙稀少的地區或是夜間外出。

 ### 生病時

請立即前往醫院就醫。或是請飯店協助請醫生前來看診。可以諮詢旅行社或保險公司的當地窗口，協助介紹醫院。在國外的醫療費相當高，建議出發前投保旅遊平安險。記得攜帶常用藥。

 ### 遭竊‧遺失時

●護照
護照遺失或遭竊時，請立即到警察局備案，取得失竊（或遺失）證明。之後前往駐外單位申請補發護照或入國證明書，並請求協助後續處理。

●信用卡
請立即聯繫信用卡公司的緊急支援中心，掛失信用卡。為以防萬一，建議預先記下卡號及緊急聯絡電話，並與信用卡分開保管。

 ### 突發狀況範例

●護照、高額現金及貴重品等可以存放在飯店的保險箱內。不攜帶外出。

●不要隨意放置行李，包包不離身。
⇒特別是於機場及飯店辦理手續時，記得行李不能離開視線範圍。

●護照、信用卡、現金等請分開保管。

●不要信任陌生人。
⇒請不要相信隨意搭話的陌生人。也不能喝來歷不明的飲料。

●夜間外出時請搭乘計程車。

●萬一遇到搶劫，請不要反抗。

●開車或騎乘自行車時，請遵守當地交通規則。

●請不要將行李放置在車上或巴士、遊覽車上就離開。容易遭竊。

●外出時包包不離身，請避免將包包揹在靠車道那一側。

旅遊便利貼

加拿大

●駐溫哥華台北經濟文化辦事處
Suite 2200, PO Box 11522, 650 West Georgia Street, Vancouver, BC V6B 4N7　緊急聯絡電話（供國人遭遇搶劫、偷竊、詐騙、逮捕、天然災害、生命威脅、意外事故或急病就醫、因故死亡等急難事件時使用）
從溫哥華請撥☎604-377-8730
從加拿大其他區域請撥☎1-604-377-8730
從台灣請撥☎002-1-604-377-8730
⏰週一～五，9～17時

●外交部緊急聯絡中心
○旅外國人緊急服務專線（在海外遭遇緊急危難時，可透過該專線電話尋求聯繫協助）
☎011-886-800-085-095
○外交部領事事務局總機電話（倘有護照、簽證及文件證明等問題，請於上班時間撥打）
☎011-886-2-2343-2888

●警察局、消防局、救護車　☎911

●信用卡公司緊急聯絡中心
○Visa全球緊急服務中心
　☎1-866-639-1911
○MasterCard全球服務中心
　☎1-800-622-7747
○JCB全球熱線
　☎+81-3-5778-8379
○American Express報失補領專線
　☎1-800-668-2639

簡單列出

行前準備memo

請先參考旅遊季節資訊（→P14）後
再來決定服裝及行李吧。
出發前將便利memo也填寫好。
趁著空檔想一想要買什麼伴手禮送給誰吧。

托運行李list

- ☐ 鞋子
- ☐ 包包
- ☐ 衣服
- ☐ 內衣類
- ☐ 牙刷組
- ☐ 洗面乳
- ☐ 保養品
- ☐ 防曬乳
- ☐ 盥洗用品
- ☐ 拖鞋
- ☐ 常用藥
- ☐ 生理用品
- ☐ 充電器
- ☐ 環保購物袋
- ☐ 折傘
- ☐ 泳衣
- ☐ 涼鞋
- ☐ 太陽眼鏡
- ☐ 帽子

攜帶洗衣用品、折疊式衣架、自備環保筷以及免洗叉子等會很方便

多帶幾個塑膠袋，可用來裝濕衣物及液體物品

免費托運行李的重量與尺寸均有限制，其限制因航空公司而異，記得確認詳細說明

行李箱的底部放較重的行李

可利用尼龍化妝包或夾鏈袋幫行李分類

手提行李list

- ☐ 護照
- ☐ 信用卡
- ☐ 現金
- ☐ 相機
- ☐ 手機
- ☐ 筆
- ☐ 行程表（機票／電子機票）
- ☐ 面紙
- ☐ 手帕
- ☐ 護唇膏
- ☐ 圍巾／口罩（有需要的人）

叩叩世界

別忘了帶

手提行李中的液體物品容量有限制（→P113）

便利memo

於飛機上填寫入境卡或申報書時派上用場

護照號碼：_____
發照日期：_____
效期截止日期：_____
住宿飯店：_____

去程班機號碼：_____
回程班機號碼：_____
出發日期：_____
回國日期：_____

※鋰電池或鋰離子電池不可托運，請多留意手機的充電電池等，詳見民航局官網 http://www.caa.gov.tw/big5/index.asp

index

☐想去的地方打✓ ■去過的地方塗黑

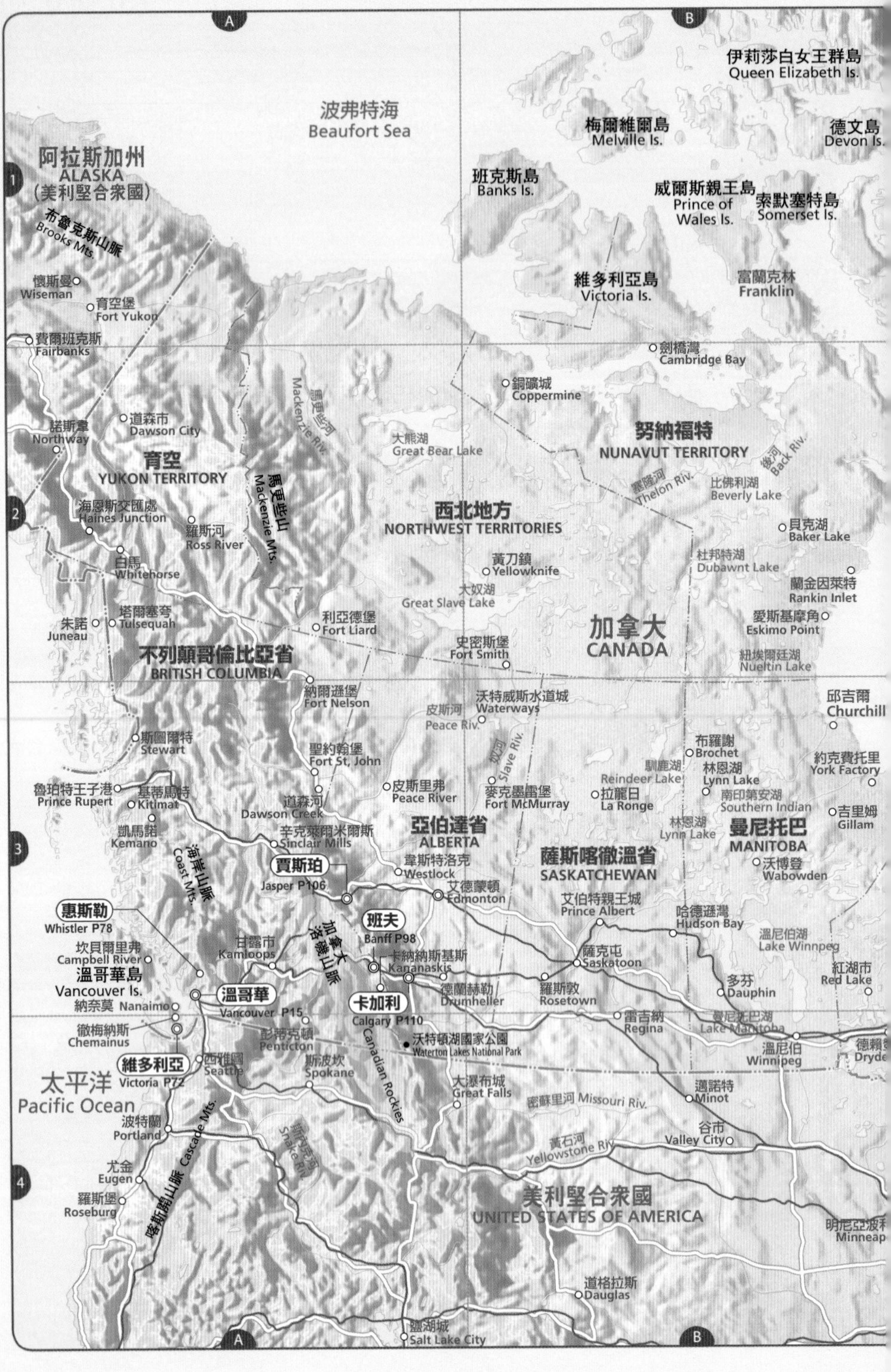
A
B
1
2
3
4
波弗特海
Beaufort Sea
伊莉莎白女王群島
Queen Elizabeth Is.
梅爾維爾島
Melville Is.
德文島
Devon Is.
阿拉斯加州
ALASKA
(美利堅合衆國)
班克斯島
Banks Is.
威爾斯親王島
Prince of Wales Is.
索默塞特島
Somerset Is.
布魯克斯山脈
Brooks Mts.
維多利亞島
Victoria Is.
富蘭克林
Franklin
懷斯曼
Wiseman
育空堡
Fort Yukon
費爾班克斯
Fairbanks
劍橋灣
Cambridge Bay
銅礦城
Coppermine
馬更些河
Mackenzie Riv.
諾斯韋
Northway
道森市
Dawson City
大熊湖
Great Bear Lake
努納福特
NUNAVUT TERRITORY
後河
Back Riv.
育空
YUKON TERRITORY
馬更些山
Mackenzie Mts.
塞隆河
Thelon Riv.
比佛利湖
Beverly Lake
西北地方
NORTHWEST TERRITORIES
海恩斯交匯處
Haines Junction
羅斯河
Ross River
貝克湖
Baker Lake
黃刀鎮
Yellowknife
杜邦特湖
Dubawnt Lake
白馬
Whitehorse
蘭金因萊特
Rankin Inlet
大奴湖
Great Slave Lake
朱諾
Juneau
塔爾塞夸
Tulsequah
利亞德堡
Fort Liard
加拿大
CANADA
愛斯基摩角
Eskimo Point
不列顛哥倫比亞省
BRITISH COLUMBIA
史密斯堡
Fort Smith
紐埃爾廷湖
Nueltin Lake
納爾遜堡
Fort Nelson
沃特威斯水道城
Waterways
邱吉爾
Churchill
皮斯河
Peace Riv.
斯圖爾特
Stewart
奴河
Slave Riv.
布羅謝
Brochet
聖約翰堡
Fort St. John
約克費托里
York Factory
馴鹿湖
Reindeer Lake
林恩湖
Lynn Lake
魯珀特王子港
Prince Rupert
基蒂馬特
Kitimat
皮斯里弗
Peace River
麥克墨里堡
Fort McMurray
拉龍日
La Ronge
南印第安湖
Southern Indian
道森河
Dawson Creek
吉里姆
Gillam
凱馬諾
Kemano
辛克萊爾米爾斯
Sinclair Mills
亞伯達省
ALBERTA
林恩湖
Lynn Lake
曼尼托巴
MANITOBA
海岸山脈
Coast Mts.
韋斯特洛克
Westlock
薩斯喀徹溫省
SASKATCHEWAN
沃博登
Wabowden
賈斯珀
Jasper P106
艾德蒙頓
Edmonton
艾伯特親王城
Prince Albert
惠斯勒
Whistler P78
加拿大洛磯山脈
班夫
Banff P98
哈德遜灣
Hudson Bay
溫尼伯湖
Lake Winnpeg
坎貝爾里弗
Campbell River
甘露市
Kamloops
卡納納斯基斯
Kananaskis
薩克屯
Saskatoon
溫哥華島
Vancouver Is.
紅湖市
Red Lake
多芬
Dauphin
溫哥華
Vancouver P15
卡加利
Calgary P110
德蘭赫勒
Drumheller
羅斯敦
Rosetown
納奈莫
Nanaimo
雷吉納
Regina
曼尼托巴湖
Lake Manitoba
徹梅納斯
Chemainus
彭蒂克頓
Penticton
沃特頓湖國家公園
Waterton Lakes National Park
溫尼伯
Winnipeg
德賴登
Dryde
維多利亞
Victoria P72
西雅圖
Seattle
斯波坎
Spokane
Canadian Rockies
太平洋
Pacific Ocean
大瀑布城
Great Falls
邁諾特
Minot
密蘇里河
Missouri Riv.
波特蘭
Portland
喀斯開山脈
Cascade Mts.
蛇河
Snake Riv.
谷市
Valley City
黃石河
Yellowstone Riv.
尤金
Eugen
美利堅合衆國
UNITED STATES OF AMERICA
羅斯堡
Roseburg
明尼亞波利
Minneap
道格拉斯
Douglas
鹽湖城
Salt Lake City

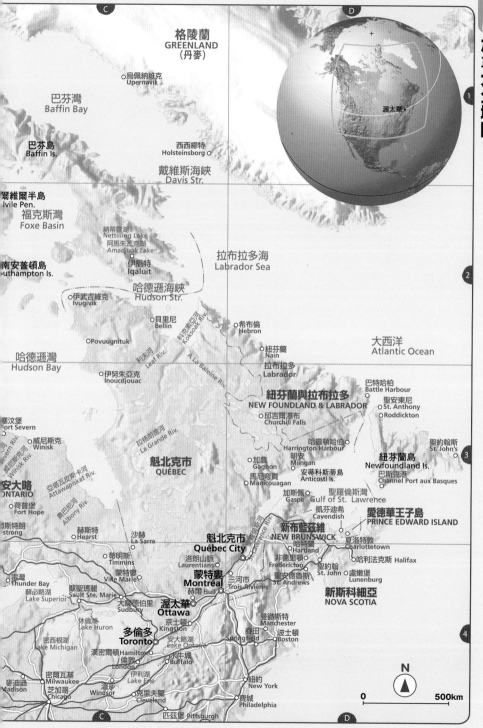

格陵蘭
GREENLAND
(丹麥)

烏佩納維克
Upernavik

巴芬灣
Baffin Bay

巴芬島
Baffin Is.

西西緲特
Holsteinsborg

戴維斯海峽
Davis Str.

渥太華

爾維爾爾半島
Ivile Pen.

福克斯灣
Foxe Basin

納蒂靈湖
Nettilling Lake
阿馬朱克湖
Amadjuak Lake

伊魁特
Iqaluit

拉布拉多海
Labrador Sea

南安普頓島
uthampton Is.

哈德遜海峽
Hudson Str.

伊武吉維克
Ivugivik

貝里尼
Bellin

希布倫
Hebron

紐芬蘭
Nain

大西洋
Atlantic Ocean

Povuugnituk

科克索克河
Koksoak Riv.

利夫河
Leaf Riv.

拉布拉多
Labrador

哈德遜灣
Hudson Bay

伊努朱亞克
Inoucdjouac

巴特哈柏
Battle Harbour

聖安東尼
St. Anthony

羅迪克頓
Roddickton

塞汶堡
Fort Severn

威尼斯克
Winisk

紐芬蘭與拉布拉多
NEW FOUNDLAND & LABRADOR

邱吉爾瀑布
Churchill Falls

哈靈頓哈伯
Harrington Harbour

聖約翰斯
St. John's

威尼斯克河
Winisk Riv.

拉格朗德河
La Grande Riv.

魁北克市
QUÉBEC

加農
Gagnon

明安
Miingan

紐芬蘭島
Newfoundland Is.

巴斯克港
Channel Port aux Basques

亞塔瓦皮斯卡河
Attawapiskat Riv.

荷普堡
Fort Hope

奧巴尼河
Albany Riv.

馬尼夸貢
Manicouagan

安蒂科斯蒂島
Anticosti Is.

聖羅倫斯灣
Gulf of St. Lawrence

安大略
ONTARIO

斯特朗
strong

赫斯特
Hearst

沙赫
La Sarre

蒂明斯
Timmins

加斯佩
Gaspe

凱芬迪希
Cavendish

愛德華王子島
PRINCE EDWARD ISLAND

魁北克市
Québec City

哈特蘭
Hartland

夏洛特敦
Charlottetown

新布藍茲維
NEW BRUNSWICK

洛朗山脈
Laurentians

非德里克頓
Fredericton

聖安德魯斯
St. Andrews

哈利法克斯 Halifax

盧嫩堡
Lunenburg

雷灣
Thunder Bay

蘇必略湖
Lake Superior

蒙特婁
Vile Marie

聖約翰
St. John

蒙特婁
Montréal

三河市
Trois-Rivières

赫爾 Hull

聖羅倫斯河

蘇聖瑪麗
Sault Ste. Marie

大薩德伯里
Sudbury

渥太華
Ottawa

新斯科細亞
NOVA SCOTIA

林倫湖
Lake Huron

京士頓
Kingston

曼徹斯特
Manchester

多倫多
Toronto

大略湖
Lake Ontario

密西根湖
Lake Michigan

麥迪遜
Madison

密爾瓦基
Milwaukee

芝加哥
Chicago

漢密爾頓
Hamilton

倫敦
London

溫莎
Windsor

春田
Springfield

水牛城
Buffalo

伊利湖
Lake Erie

克里夫蘭
Cleveland

波士頓
Boston

紐約
New York

費城
Philadelphia

匹茲堡 Pittsburgh

N

0   500km

●餐廳・咖啡廳　●商店　●夜間娛樂　●觀光景點・戶外活動　H 飯店

A

B

卡皮拉諾湖 往松雞山 P37、51
Capilano Lake

西溫哥華
WEST VANCOUVER

克里夫闌水場

加拿大橫貫公路

P51 卡皮拉諾鮭魚人工養殖場
Capilano Salmon Hatchery

卡皮拉諾河區域公園
Capilano River Regional Park

Trans Canada Hwy.

Marine Dr.

卡皮拉諾吊橋
Capilano Suspension Bridge
P36、51

燈塔公園
Lighthouse Park

北溫哥華
NORTH VANCOUVER

Pt. Atkinson

P61 Park Royal

往始祖鳥暢貨中心 P35
Arc'teryx Factory Store

布勒內灣
Burrard Inlet

P133

P36 碼頭市場
Lonsdale Quay Market

隨身大地圖正面

史丹利公園
Stanley Park

海上巴士
SEA BUS

英吉利灣
English Bay

羅布森街

Waterfront站

甘士頓

新渡戶紀念花園
Nitobe Memorial Gardens

North West Marine Dr.

傑里科海灘

海事博物館
Maritime Museum Vancouver

Burrard St.

唐人街

**Pacific
Central站
(VIA)**

UBC人類學博物館 P51
UBC Anthropology Museum

P26 Aphrodite's

溫哥華博物館
Vancouver Museum

市中心
Downtown

Granville St.

高架列車
(千禧線)
(博覽線)

UBC學生會大樓站
Student Union Building

University
Blvd.

第4街 4th Ave. W.

高架列車
(加拿大線)

往Metropolis at Metrotown P61

UBC地質學博物館 10th Ave.
UBC Geological Museum

英屬哥倫比亞大學
University of British Columbia

Westbrook

16th Ave. W.

Kingsway

UBC植物園

太平洋精神公園
Pacific Spirit Regional Park

King Edward Ave.

伊莉莎白女王公園 P50
Queen Elizabeth Park

創立於1915年,為加拿大西部最大
的大學。食堂等設施有對外開放。

Dunbar St.

33rd Ave.

P51 范度森植物園
Van Dusen Botanical Garden

S.W. Marine Dr.

41st Ave.

喬治亞海峽
Strait of Georgia

Oak St.

Cambie St.

Main St.

49th Ave.

米切爾島
Mitchell Island

P66 Seaborn

North Arm Fraser River

Fairmont Vancouver Airport

River Rd.

溫哥華國際機場
Vancouver Internaional Airport
P116

Grant McConachie Way

Bridgeport Rd.

海島
Sea Island

99

N

0   2km

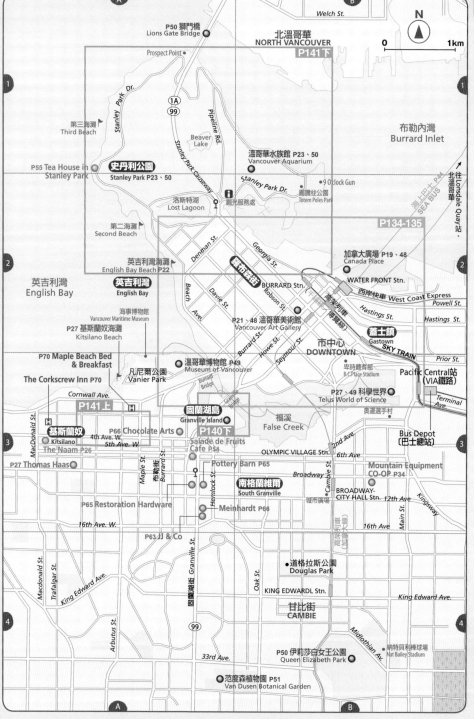

Welch St.

P50 獅門橋
Lions Gate Bridge

北溫哥華
NORTH VANCOUVER

P141下

N

0   1km

Prospect Point

布勒內灣
Burrard Inlet

1A
99

Stanley Park Dr.

Pipeline Rd.

第三海灘
Third Beach

Beaver
Lake

溫哥華水族館 P23、50
Vancouver Aquarium

往Lonsdale Quay站、
北溫哥華
SEA BUS

史丹利公園
Stanley Park P23、50

P55 Tea House in
Stanley Park

Stanley Park Causeway

洛斯特湖
Lost Lagoon

觀光服務處

9 O'clock Gun

圖騰柱公園
Totem Poles Park

P134-135

第二海灘
Second Beach

Denman St.

Georgia St.

加拿大廣場 P19、48
Canada Place

2

英吉利灣海灘 P22
English Bay Beach

英吉利灣
English Bay

英吉利灣
English Bay

海事博物館
Vancouver Maritime Museum

P27 基斯蘭奴海灘
Kitsilano Beach

P70 Maple Beach Bed
& Breakfast

The Corkscrew Inn P70

BURRARD Stn.

WATER FRONT Stn.

西岸快車 West Coast Express

Powell St.

Beach
Ave.

Davie St.

Robson St.

Howe St.

Seymour St.

Hastings St.

Hastings St.

P21、48 溫哥華美術館
Vancouver Art Gallery

蓋士鎮
Gastown

SKY TRAIN

溫哥華博物館 P49
Museum of Vancouver

凡尼爾公園
Vanier Park

市中心
DOWNTOWN

Burrard St.

卑詩體育館
B.C.Place Stadium

Prior St.

Pacific Central 站
(VIA 鐵路)

P141上 H

基斯蘭奴
Kitsilano

MacDonald St.

Cornwall Ave.

H

P66 Chocolate Arts
4th Ave. W.
5th Ave. W.

固蘭湖島
Granville Island

P140下

Burrard
Bridge

Granville
Bridge

P27、49 科學世界
Telus World of Science

奧運選手村

福溪
False Creek

Terminal
Ave.

Bus Depot
(巴士總站)

3

The Naam P26

Salade de Fruits
Cafe P54

OLYMPIC VILLAGE STN.

2nd Ave.

6th Ave

3

P27 Thomas Haas

Pottery Barn P65

Broadway

Mountain
Equipment
CO-OP P34

Maple St.

布勒街
Burrard St.

Hemlock St.

南格蘭維爾
South Granville

城市廣場

BROADWAY-
CITY HALL Stn.
12th Ave

P65 Restoration Hardware

Meinhardt P66

12th Ave

Main St.

Kingsway

16th Ave. W.

16th Ave

16th Ave

P63 JI & Co

Macdonald St.

Trafalgar St.

Granville St.

固蘭湖街 Granville St.

道格拉斯公園
Douglas Park

Oak St.

Cambie St.

KING EDWARDL Stn.

甘比街
CAMBIE

King Edward Ave.

4

99

Arbutus St.

33rd Ave.

P50 伊莉莎白女王公園
Queen Elizabeth Park

納特貝利棒球場
Nat Bailey Stadium

Midlothian Av.

King Edward Ave.

4

范度森植物園 P51
Van Dusen Botanical Garden

A   B

●餐廳‧咖啡廳   ●商店   ●夜間娛樂   ●觀光景點‧戶外活動   H飯店

A B

P136-137

↖往史丹利公園

Lagoon Dr.

Georgia St.

Spokes Bicycle Rentals P22

喬治亞街

H The Westin Bayshore
Resort& Marina P69

Chico St.

Haro St.

Park La.

Alberni St.

P57 Ukrainian Village Reataurant

Comox St.

Nelson St.

Gilford St.

P57 Kingyo

Denman St.

Robson St.

Pender St. W.

Pendrell St.

海灘大街 · Beach Ave.

P59 The Dover Arms Pub

Olympia P55

Georgia St. W.

Denman Place Mall

H Riviera Motor Inn

Delany's Coffee House P23

H The Empire Landmark
Hotel P70

Coast Plaza Hotel & Suites

英吉利灣海灘 P22
English Bay Beach
English Bay Park

Falafel King P57

Barclay Hotel

羅伯森街

Espana P56

Melville

星巴克

H Best Western Sands by the Sea Hotel

West End Guest House

Haro St.

Cactus Club Cafe P22

Robson Street

P23、52 The Boathouse

Starbucks

Bidwell St.

Davie St.

Pendrell St.

Nelson St.

Bute St.

英吉利灣 P22
English Bay

麥當勞

因努伊特石堆

Harwood St.

Burnaby St.

Nicola St.

Comox St.

Broughton St.

Jervis St.

P70 The Sutton Place Hotel H

Beach Ave.

Paramount Vancouver

Harwood St.

P70 Century-Plaza Hotel & Spa

日落海灘
Sunset Beach

P70 Sandman Suites on Davie H

P54

福溪渡輪 P44

P25 Stepho's

La Brrasserie

Hornby St.

Nelson St.

P69 Sheraton Vancouver Wall Centre Hotel

↖往海事博物館

Pacific St.

Thurlow St.

Burrard St.

P59 Doolin's Irish Pub

P70 Holiday Inn Hotels & Suite
Vancouver Downtown

Beach Ave.

H Landis Hotel & Suites

溫哥華博物館 P49
Museum of Vancouver

P70 Residence Inn by Marriott
Vancouver Downtown

Best Western Plus
Chateau Granville P69

Aquatic Centre

Howe St.

Drake St.

Granville St.

Executive Inn H

Seymour

布勒橋
Burrard Bridge

凡尼爾公園
Vanier Park

Seabreeze
Walk

水濱路
Aquabus

固蘭湖街

YALETO
ROUNDHOUSE ST

Burrard St.

P44

Johnston St.

Beach Cr.

P140下

固蘭湖島
Granville Island

固蘭湖橋
Granville Bridge

Pacific Blvd.

A B

布勒內灣
Burrard Inlet

136 138
134
141 下 上 140

Marriott Pinnacle
Downtown Hotel P68

溫哥華港灣水上飛機場
Vancouver Harbour Water Airport

2010年奧運聖火台
2010 Olympic Cauldron, Jack Poole Plaza

溫哥華會議中心(西棟)
Vancouver Convention Centre (West Building)

Fairmont Pacific Rim
Hotel Vancouver P69

Bella Gelateria
P19

P48 溫哥華旅遊局
遊客服務中心
Tourism Vancouver Visitor Centre

P59 TC Lions Pub

RRARD
STN站

Hotel Le Soleil

P60 Sinclair Centre

Hyatt Regency Vancouver P68

The Fairmont Hotel
Vancouver P68

Four Seasons Hotel
Vancouver P68

GRANVILLE站

溫哥華美術館 P21、48
Vancouver Art Gallery

羅布森廣場
Robson Square

The Bay
P60

VANCOUVER CITY
CENTRE 站

Empire Granville 7 Cinemas

The Centre in Vancouver for
Performing Arts

Orpheum Theatre

Japadog P21

Vogue Theatre

P49 溫哥華中央美術館
Vancouver Public Library

溫哥華
中央郵局 P121

Buzz Cafe &
Espresso Bar P68

Shark Club P59

Sandman Hotel Vancouver City Centre

STADIUM-CHINATOWN站

Rosedale on
Robson Suite
Hotel

Georgian Court Hotel

Mainland Clinic

P140 上

耶魯鎮
Yaletown

Expo Blvd.

羅渣士體育館
Rogers Arena

卑詩體育館
B. C. Place Stadium

卑詩體育名人堂
B. C. Sports Hall of Fame & Museum

Plaza of Nations

Pacific Blvd.

Cambie Bridge

福溪 P27
False Creek

飛越加拿大 P49
FlyOver Canada

溫哥華會議中心(東棟)
Vancouver Convention Centre (East Building)

加拿大廣場 P19、48
Pan Pacific Vancouver P70

The Fairmont Waterfront P69

海上巴士乘船處
SEA BUS TERMINAL

WATERFRONT站

海上巴士 SEA BUS P44

往Lonsdale Quay站、
北溫哥華

N

0 200m

海港中心(觀景台) P19、49
Harbour Centre(Lookout)

港灣公園
Portside Park

Navi Tour
溫哥華分公司
Navitour P46、112

蒸汽鐘 P50
Steam Clock

蓋士鎮 P50
Gastown

水街

P50 蓋士傑克雕像
Gassy Jack

楓樹廣場
Mapletree Sqr

西岸快車
West Coast Express

Powell St.

Cordova St. W.

Hastings St. W.

片打街
Pender St. W.

唐人街牌樓

唐人街 P17
Chinatown

P51 三記號
Sam Kee Building

中山公園
Dr. Sun Yat-Sen
Classical Chinese Garden

Keefer St.

安迪禮遜公園
Andy Livingstone Park

SKYTRAIN
(EXPO LINE)

SKYTRAIN
(MILLENNIUM LINE)

高架列車(博覽線)
高架列車(千禧線)

Main St.

Quebec St.

MAIN ST.-SCIENCE WORLD站

PACIFIC CENTRAL站

P27、49 科學世界
Telus World of Science

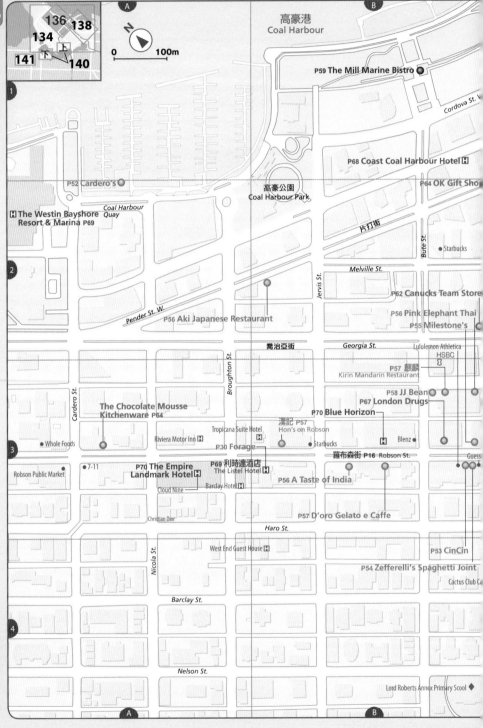

136 138
134
141 下 上 140

N

0 100m

A

B

高豪港
Coal Harbour

P59 The Mill Marine Bistro

Cordova St.

P68 Coast Coal Harbour Hotel H

P52 Cardero's

P64 OK Gift Shop

Bute St.

H The Westin Bayshore
Resort & Marina P69

Coal Harbour
Quay

高豪公園
Coal Harbour Park

片打街

• Starbucks

Jervis St.

Melville St.

P62 Canucks Team Store

Pender St. W.

P56 Aki Japanese Restaurant

P56 Pink Elephant Thai

P55 Milestone's

喬治亞街

Georgia St.

Lululemon Athletica

HSBC

Broughton St.

P57 麒麟
Kirin Mandarin Restaurant

Cardero St.

The Chocolate Mousse
Kitchenware P64

P58 JJ Bean

P67 London Drugs

P70 Blue Horizon

漢記 P57
Hon's on Robson

• Whole Foods

Tropicana Suite Hotel

Riviera Motor Inn H

P30 Forage

• Starbucks

Blenz

Guess

Robson Public Market

• 7-11

P70 The Empire
Landmark Hotel H

P69 利時達酒店
The Listel Hotel H

羅布森街 P16 Robson St.

Barclay Hotel H

Cloud Nine

Christian Dior

P56 A Taste of India

P57 D'oro Gelato e Caffe

Nicola St.

Haro St.

West End Guest House H

P53 CinCin

P54 Zefferelli's Spaghetti Joint

Cactus Club Ca

Barclay St.

Nelson St.

Lord Roberts Annex Primary Scool ◆

A

B

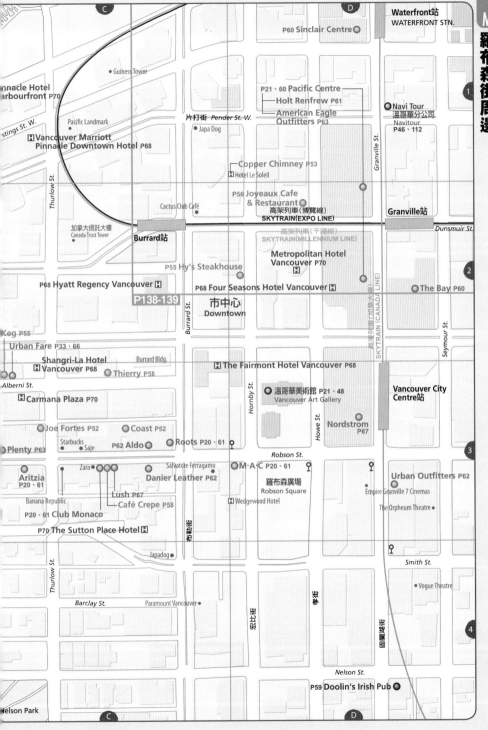

C

D

Waterfront站
WATERFRONT STN.

P60 Sinclair Centre

● Guiness Tower

P21、60 Pacific Centre
└─ Holt Renfrew P61
American Eagle
Outfitters P63

○ Navi Tour
溫哥華分公司
Navitour
P46、112

innacle Hotel
arbourfront P70

stings St. W.

Pacific Landmark

片打街 Pender St. W.

Granville St.

● Japa Dog

Ⓗ Vancouver Marriott
Pinnacle Downtown Hotel P68

Thurlow St.

┌─ Copper Chimney P53
Ⓗ Hotel Le Soleil

P56 Joyeaux Cafe
& Restaurant

Granville站

● Cactus Club Café

高架列車(博覽線)
SKYTRAIN(EXPO LINE)

加拿大信託大樓
Canada Trust Tower

Burrard站

SKYTRAIN(MILLENNIUM LINE)
高架列車(千禧線)

Dunsmuir St.

2

Metropolitan Hotel
Vancouver P70
Ⓗ

P55 Hy's Steakhouse

P68 Hyatt Regency Vancouver Ⓗ

P68 Four Seasons Hotel Vancouver Ⓗ

○ The Bay P60

Seymour St.

Burrard St.

市中心
Downtown

SKYTRAIN (CANADA LINE)
高架列車 (加拿大線)

Keg P55

P138-139

Urban Fare P33、66

Shangri-La Hotel
Ⓗ Vancouver P68

Burrard Bldg.

Ⓗ The Fairmont Hotel Vancouver P68

○ Thierry P58

Hornby St.

Vancouver City
Centre站

Alberni St.

Ⓗ Carmana Plaza P70

○ 溫哥華美術館 P21、48
Vancouver Art Gallery

○ Joe Fortes P52

○ Coast P52

Howe St.

Nordstrom
P67

○ Plenty P63

Starbucks
● Saje

P62 Aldo ○

○ Roots P20、61

3

Robson St.

○ Zara ● ○○○

Aritzia
P20、61

Salvatore Ferragamo

Danier Leather P62

Ⓜ·Ⓐ·Ⓒ P20、61

羅布森廣場
Robson Square

Urban Outfitters P62

Empire Granville 7 Cinemas

Banana Republic

Lush P67
└─ Café Crepe P58

Ⓗ Wedgewood Hotel

The Orpheum Theatre ●

P20、61 Club Monaco

布勒街

P70 The Sutton Place Hotel Ⓗ

Thurlow St.

Japadog ●

Smith St.

● Vogue Theatre

Barclay St.

Paramount Vancouver ●

宏比街

李街

固蘭湖街

4

Nelson St.

P59 Doolin's Irish Pub ○

elson Park

C

D

● 餐廳・咖啡廳　● 商店　● 夜間娛樂　● 觀光景點・戶外活動　Ⓗ 飯店

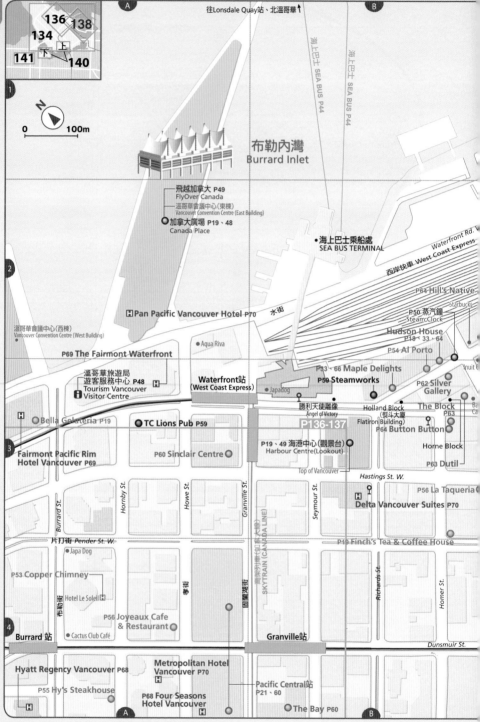

136 138
134
141 下 上 140

往Lonsdale Quay站、北溫哥華↑

1

N
0   100m

布勒內灣
Burrard Inlet

海上巴士 SEA BUS P44

海上巴士 SEA BUS P44

飛越加拿大 P49
FlyOver Canada
溫哥華會議中心(東棟)
Vancouver Convention Centre (East Building)
加拿大廣場 P19、48
Canada Place

海上巴士乘船處
SEA BUS TERMINAL

Waterfront Rd.

西岸快車 West Coast Express

2

Pan Pacific Vancouver Hotel P70

水街

P64 Hill's Native
Starbucks

P50.蒸汽鐘
Steam Clock

溫哥華會議中心(西棟)
Vancouver Convention Centre (West Building)

P69 The Fairmont Waterfront

Aqua Riva

Hudson House
P18、33、64

P54 Al Porto

溫哥華旅遊局
遊客服務中心 P48
Tourism Vancouver
Visitor Centre

Waterfront站
(West Coast Express)

Japadog

P33、66 Maple Delights

P59 Steamworks

P62 Silver
Gallery

Inuit

Bella Gelateria P19

TC Lions Pub P59

勝利天使雕像
Angel of Victory

Holland Block

The Block
P63

3

Fairmont Pacific Rim
Hotel Vancouver P69

P60 Sinclair Centre

Flatiron Building
(熨斗大廈)

P19、49 海港中心(觀景台)
Harbour Centre(Lookout)

P136-137

P64 Button Button

Horne Block

Ba
Ca

Burrard St.

Hornby St.

Howe St.

Granville St.

Top of Vancouver

Hastings St. W.

P63 Dutil

P56 La Taqueria

Delta Vancouver Suites P70

Seymour St.

片打街 Pender St. W.

Japa Dog

P53 Copper Chimney

Hotel Le Soleil

P56 Joyeaux Cafe
& Restaurant

布勒街

孝街

高架列車(加拿大線)
SKYTRAIN (CANADA LINE)

國際街

Richards St.

P19 Finch's Tea & Coffee House

Homer St.

4

Burrard 站

Cactus Club Café

Granville站

Dunsmuir St.

Hyatt Regency Vancouver P68

P55 Hy's Steakhouse

Metropolitan Hotel
Vancouver P70

P68 Four Seasons
Hotel Vancouver

Pacific Central站
P21、60

The Bay P60

A

B

C

D

1

Powell St.

Gore Ave.

港灣公園
Portside Park

Alexander St.

楓街

Main St.

ST COAST EXPRESS

Cordova St. W.

● Kimprints P65

Europe Hotel
(Flatiron Building)

John Fluevog Shoes P18

Columbia St.

Hastings St. W.

楓樹廣場
Mapletree Sq.

蓋仙傑克雕像 P50
Gassy Jack

魚型噴水池
Fish Fountain

Water St.

此區以東治安較差請小心安全。
步行前往唐人街請避開此區。

L'Abattoir P31

2

Orling & Woo

m0851 P18、62

Cordova St. W.

唐人街
Chinatown

Keefer St.

Subway

The Old Spaghetti Factory P54

Jules Bistro P53

Trounce Alley

Smart Mouth Cafe P58

Carrall St.

H Best Western Chelsea Inn

中山公園
Dr. Sun Yat-Sen
Classical Chinese Garden

P51 三記號
Sam Kee Building

Abbott St.

唐人街牌樓

3

P31 Wildebeest

Pender St. W.

安迪禮遜公園
Andy Livingstone Park

Taylor St.

● 維多利亞廣場
Victory Square

片打街

Beatty St.

Vancouver Community College

● Chambar P55

Stadium-Chinatown站

高架列車(博覽線)
SKYTRAIN(EXPO LINE)

4

Pacific Blvd.

高架列車(千禧線)
SKYTRAIN(MILLENNIUM LINE)

● Rogers Arena

● Queen Elizabeth Theatre

C

D

●餐廳・咖啡廳　●商店　●夜間娛樂　●觀光景點・戶外活動　H飯店

P58 The Elbow Room Cafe
●Emery Barnes Park
P24、53 Blue Water Cafe
Mainland St.
Fine Finds P63
Seymour St.
Helmcken St.
P66 Choices
P24 Brix & Mortar
Blenz
P25 Yaletown Brewing
Cioppino's Mediterranean Gril P25
Cambie St.
P63 Brooklyn Clothing
The Cross Décor & Design P65
Alvin Narod Mews
La Terrazza
Beatty Walk
Richards St.
Simply Thai
Swirl Wine Store P33
Homer St.
Yaletown Shops
●Helmcken Park
Bella Pizza
Starbucks
Hamilton St.
Marimekko
Yaletown-Roundhouse站
Pinkys
[H] Opus Hotel Vancouver P70
Drake St.
Opus Bar
Pacific Boulevard
Davie St.
Harricane Bar & Grill
●Bojanglas Cafe
Starbucks●
P25 Roundhouse Community Centre
Reckless
（自行車租借）
●Provence Marinaside P54
N
林思齊公園
David Lam Park
SKYTRAIN (CANADA LINE)
（高架列車
／加拿大線）
0   100m
136 138
耶魯鎮
Drake St.
Marinaside Cr.
141 下 上 **140**

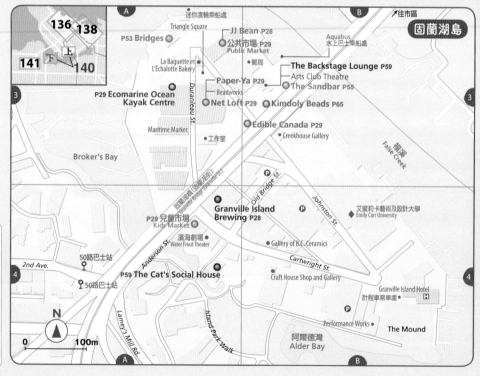

往市區
迷你渡輪乘船處
Triangle Square
JJ Bean P28
Aquabus
水上巴士乘船處
136 138
上
P53 Bridges
公共市場 P29
Public Market
141 下
140
郵局
The Backstage Lounge P59
La Baguette et L'Echalotte Bakery
Paper-Ya P29
Arts Club Theatre
Duranleau St.
Beadworks
The Sandbar P55
P29 Ecomarine Ocean Kayak Centre
Net Loft P29
Kimdoly Beads P65
Maritime Market
Edible Canada P29
工作室
●Creekhouse Gallery
Broker's Bay
福溪
False Creek
Granville Island Brewing P28
Old Bridge St.
Johnston St.
艾蜜莉卡藝術及設計大學
Emily Carr University
P29 兒童市場
Kids Market
濱海劇場
Water Frout Theater
Anderson St.
●Gallery of B.C. Ceramics
2nd Ave.
Cartwright St.
50路巴士站
P59 The Cat's Social House
Craft House Shop and Gallery
50路巴士站
Granville Island Hotel
[H]
計程車乘車處
N
Lamey's Mill Rd.
Island Park Walk
Performance Works
The Mound
0   100m
阿爾德灣
Alder Bay

136 138
141 140
上 下

基斯蘭奴

往基斯蘭奴海灘 P27

A

2nd Ave. W.

Sophie's Cosmic Café P58

B

0 100m

N

Vine St.

Yew St.

Arbutus St.

Maple St.

Cypress St.

3rd Ave. W.

第3街

Whole Foods Market P27、33

Lululemon Athletica P35、62

Arc'teryx P35

Country Beads P65

麥當勞 McDonald's

kiturano Wine

Beship's Restaurant

Las Margaritas

第4街 4th Ave. W.

Ethel's P63

Hope

49th Parallel Coffee P26、58

Bimini's

Moule

Fable P30

Saje P33、67

Indian Oven

Signed Sealed Delivered P65

P27、33、67 伊聖詩 Escents

第5街 5th Ave. W.

阿標特斯街

A B

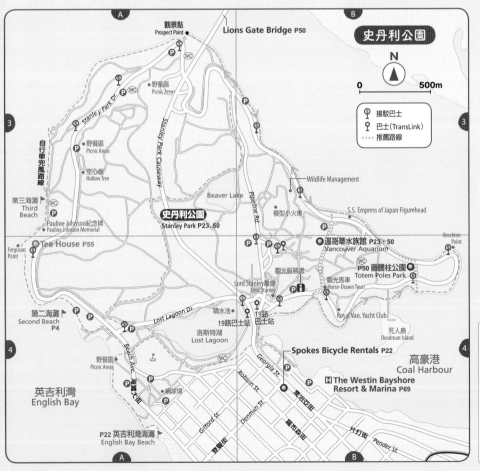

史丹利公園

觀景點 Prospect Point

Lions Gate Bridge P50

N

0 500m

接駁巴士

巴士(TransLink)

推薦路線

野餐區 Picnic Areas

Stanley Park Dr.

Stanley Park Causeway

自行車兜風路線

野餐區 Picnic Areas

空心樹 Hollow Tree

Pipeline Rd.

Beaver Lake

Wildlife Management

模型小火車

S.S. Empress of Japan Figurehead

第三海灘 Third Beach

Pauline Johnson紀念碑 Pauline Johnson Memorial

史丹利公園 Stanley Park P23、50

Brockton Point

Tea House P55

Ferguson Point

溫哥華水族館 P23、50 Vancouver Aquarium

P50 **圖騰柱公園** Totem Poles Park P30

Lord Stanley雕像 Lord Stanley

觀光馬車 Horse-Drawn Tours

觀光服務處

第二海灘 Second Beach P4

Lost Lagoon Dr.

洛斯特湖 Lost Lagoon

19路 19路巴士站 巴士站

噴水池

Royal Van. Yacht Club

死人島 Deadman Island

野餐區 Picnic Areas

Beach Ave. 海灘大道

Spokes Bicycle Rentals P22

高豪港 Coal Harbour

英吉利灣 English Bay

網球場

Georgia St.

Robson St. 羅布森街

Denman St. 德曼街

Gilford St. 基佛街

H The Westin Bayshore Resort & Marina P69

P22 英吉利灣海灘 ▶ English Bay Beach

B

觀布森街

片打街 Pender St.

周邊地圖請參閱P133・134

●餐廳・咖啡廳 ●商店 ●夜間娛樂 ●觀光景點・戶外活動 **H**飯店

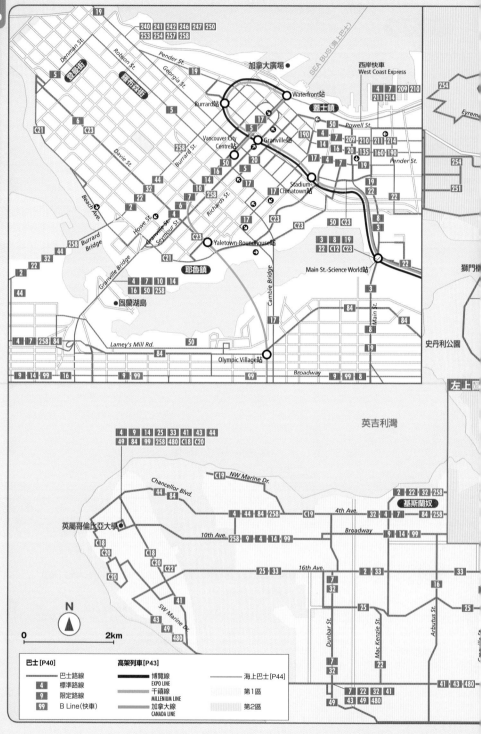

時尚‧可愛‧慢步樂活旅

VANCOUVER CANADIAN ROCKIES

國家圖書館出版品預行編目（CIP）資料

溫哥華‧加拿大洛磯山脈 /
JTB Publishing, Inc.作；
蕭睦頤翻譯. —— 第一版. ——
新北市：人人, 2017.06
面；公分. ——（叩叩世界系列；13）
ISBN 978-986-461-111-9（平裝）
1.旅遊 2.加拿大

753.9　　　　　　　106005698

WHH

【 叩叩世界系列 13 】

溫哥華‧加拿大洛磯山脈

作者／JTB Publishing, Inc.
翻譯／蕭睦頤
編輯／林德偉
校對／張奕伶
發行人／周元白
排版製作／長城製版印刷股份有限公司
出版者／人人出版股份有限公司
地址／23145 新北市新店區寶橋路235巷6弄6號7樓
電話／（02）2918-3366（代表號）
傳真／（02）2914-0000
網址／http://www.jjp.com.tw
郵政劃撥帳號／16402311 人人出版股份有限公司
製版印刷／長城製版印刷股份有限公司
電話／（02）2918-3366（代表號）
經銷商／聯合發行股份有限公司
電話／（02）2917-8022
第一版第一刷／2017年6月
第一版第二刷／2018年11月
定價／新台幣400元

日本版原書名／ララチッタ　バンクーバー・カナディアンロッキー
日本版發行人／秋田　守
Lala Citta Series
Title: VANCOUVER CANADIAN ROCKIES
© 2016 JTB Publishing, Inc.
All rights reserved
First published in Japan in 2016 by JTB Publishing, Inc. Tokyo
Chinese translation rights arranged with JTB Publishing, Inc.
through CREEK and RIVER Co., Ltd. Tokyo
Chinese translation copyrights © 2017 by Jen Jen Publishing Co., Ltd.

人人出版好本事
提供旅遊小常識＆最新出版訊息
回答問卷還有送小贈品

部落格網址：http://www.jjp.com.tw/jenjenblog/